# ¿QUÉ TIENES EN TUS MANOS?
## *LECCIONES DE LIDERAZGO DE LA VIDA DE MOISES*

### EDDIE ESTEP

Casa Nazarena de Publicaciones
Lenexa, KANSAS (USA)
Copyright © 2021 by Eddie Estep

*What's in Your Hand?*
By Eddie Estep
Copyright © 2020
Published by The Foundry Publishing
Kansas City, MO USA

Esta edición se publicó por acuerdo con The Foundry Publishing.
Todos los derechos reservados.

978-1-56344-945-1

IMPRESIÓN DIGITAL

Todos los derechos reservados. Ninguna parte de esta publicación deberá ser reproducida, almacenada en un sistema de recuperación, o transmitida en ninguna forma o por ningún medio – por ejemplo, electrónico, fotocopia o grabación – sin la previa aprobación escrita del editor. La única excepción es una breve cita en textos impresos.

Diseño de Tapa: Slater Joel / www.slaterdesigner.com
Diseño Interior: Sharon Page

A menos que de otra manera sea indicado, todas las citas bíblicas son de la Santa Biblia, Nueva Versión Internacional ® (NVI®). Copyright © 1973, 1978, 1984, 2011 por Bíblica, Inc.TM Usado por permiso de Zondervan. Todos los derechos reservados alrededor del mundo. www.zondervan.com. La "NVI" y "Nueva Versión Internacional" son marcas registradas en las patentes de Estados Unidos y Trademark Office por Bíblica, Inc.™

Los siguientes derechos de las versiones de la Palabra son usados con el permiso de:

The Holy Bible, English Standard Version® (ESV®). Copyright © 2001 by Crossway Bibles, a publishing ministry of Good News Publishers. All rights reserved.

The New American Standard Bible® (NASB®), copyright © 1960, 1962, 1963, 1968, 1971, 1972, 1973, 1975, 1977, 1995 by The Lockman Foundation.

The New Revised Standard Version (NRSV) Bible, copyright © 1989 the Division of Christian Education of the National Council of the Churches of Christ in the United States of America. Used by permission. All rights reserved.

THE MESSAGE (MSG), copyright © 1993, 2002, 2018 by Eugene H. Peterson. Used by permission of NavPress. All rights reserved. Represented by Tyndale House Publishers, Inc.

Las direcciones de Internet, dirección de email y números de teléfono en este libro son precisos en el momento de la publicación. Son provistos como un recurso. La Foundry Publishing no los respalda ni responde por su contenido ni constancia.

Conozco a Eddie Estep desde hace muchos años, y ¿Qué tienes en tus manos? me bendijo no sólo en calidad de exégesis práctica de la historia de Moisés, sino también y especialmente por el hecho de que Eddie vive lo que escribe. Las lecciones de liderazgo de la vida de Moisés son extraordinariamente relevantes para nuestro tiempo.

Gustavo Crocker
Superintendente General
Iglesia del Nazareno

Combinando la profunda visión bíblica y la vida de experiencia en liderar otros, Estep otra vez ha producido una herramienta valorable para cualquier persona llamada a liderar. En ¿Qué tienes en tus manos? Estep otra vez usa ambos, los éxitos y los fracasos de un líder bíblico para proveer consejos prácticos para los líderes de hoy en día, continuando su práctica establecida de describir francamente los sacrificios reales que se requiere de un líder efectivo mientras transparentemente comparte la alegría que viene con hacer esos sacrificios. Usando como guía la larga y variada vida de Moisés, Estep nos recuerda que liderar es una forma de vida dura, demandante y a veces frustrante para aquellos que tienen la suerte de ser llamados a esa tarea.

Joseph McLamb
Oficial Militar Retirado / Veterano de combate

Si se le pide liderar a alguien o algo en algún momento, lleve este libro con usted. Las lecciones de este libro lo ayudarán a llegar a su destino deseado, y las personas que lleve con usted disfrutarán el viaje.

Bob Broadbooks
Director Regional, USA/Canadá
Iglesia del Nazareno

*¿Qué tienes en tus manos?* es un poderoso recordatorio que el Dios de Moisés sigue haciendo esta pregunta penetrante a aquellos que llama al liderazgo hoy. Estep nos recuerda una vez más que el poder de Dios y su propósito final para nuestras vidas es revelado por nuestra respuesta.

David J. Spittal
Presidente
Universidad Nazarena MidAmerica

Existen literalmente miles de libros de liderazgo. ¿Por qué no leer uno basado en la verdad espiritual y principios probados en el tiempo? Estep hace un trabajo magistral al examinar la vida y liderazgo de Moisés. La belleza de este libro es la manera hábil en que la verdad inmutable se traduce a la aplicación diaria para el líder actual. Si está buscando sabiduría sólida, desarrollo de liderazgo y consejos prácticos para guiar su viaje, ¿Qué tienes en tus manos? es un libro que debería leer.

Dan Rexroth, Ed.D.  
Presidente y CEO  
John Knox Village

El éxodo de Egipto es posiblemente el evento más definitorio en la historia de los israelitas. Los cuarenta años de camino por el desierto los definió. Dios llamó a Moisés para que los guiara. Estep nos guía a través de este viaje asombroso, recogiendo principios de liderazgo de la vida de Moisés a lo largo del camino. Te sentirás como que si hubieras seguido a un maestro cosechador que ha recogido las uvas de cada vid. *¿Qué tienes en tus manos?* bendecirá y desafiará a pastores y líderes laicos por igual.

Scott Rainey  
Director Global de Ministerios de Escuela Dominical y Discipulado  
Iglesia del Nazareno

A veces, cuando lees un libro, escuchas a una persona. Creo que escuché a dos personas en ¿Qué tienes en tus manos? Escuché a Moisés reflejando su frágil humanidad mientras estaba atrapado en el intento de Dios de liberar al pueblo. Y escuché la sabiduría bíblica de mi amigo Eddie Estep, quien encarna lo que escribe en estas páginas. Esto nos debería dar esperanza a todos que podemos ser moldeados por la Escritura.

Dan Boone  
Presidente  
Universidad Nazarena Trevecca

La perspicaz indagación, la rica investigación y el ingenioso análisis de Estep sobre uno de los mayores líderes de la historia hacen de *¿Qué tienes en tus manos?* una lectura esencial para el desarrollo de líderes.

Stanley W. Reeder  
Fundador, Reeder's Resources

Estep, es consultor de Vibrant Church Renewal provee una revisión práctica de la vida de Moisés para los cristianos. ¡Yo no podía dejar el libro! El autor entreteje la narración bíblica teológica con los principios de liderazgo piadoso. El libro presenta problemas de liderazgo prácticos y cotidianos que reflejan la experiencia de Estep como líder. Este texto es una herramienta de enseñanza para los siervos que Dios está llamando a liderar.

Christian D. Sarmiento, Ed.D.
Director Regional, Sudamérica
Iglesia del Nazareno

Una de las debilidades de la literatura de liderazgo es que a menudo muestra las hazañas del autor. Estep, aunque es un líder talentoso, en lugar de eso basa su trabajo en una de las figuras más ejemplares de las Escrituras. Este libro no sólo destila principios que son oportunos y efectivos, sino que también lleva al lector a través de una narrativa comprensiva de la vida de Moisés. Está minuciosamente investigado, claramente articulado y eminentemente práctico. ¿Qué tienes en tus manos? será un regalo para pastores, grupos pequeños o clases, negocios cristianos o líderes de cualquier índole.

Samuel S. Barber
Pastor Líder
Lenexa (KS) Iglesia del Nazareno Central

Habiendo leído muchos libros de liderazgo que me han causado aberración, fue un refrescante y feliz resonar con tantas ideas en este. Las parteras atrevidas, Séfora y Pua, demuestran que la resistencia y desobediencia civil a veces son cosas necesarias para el liderazgo. La improbable elección de Moisés y no de Aarón, es un recordatorio que Dios llama a la obra a las voces necesarias. Las tareas asignadas a los artistas Bezalel y Aholiab demuestran la importancia de abrir espacios para la expresión creativa en el liderazgo. Estas y muchos conocimientos más prácticos y poderosos hacen que ¿Qué tienes en tus manos? sea una lectura instructiva.

Rev. Vicki Copp, DMin
Pastor Principal
Cameron (MO) Iglesia del Nazareno

Inspirador y motivador, ¿Qué tienes en tus manos? es una lectura obligada para cualquiera que esté atravesando una temporada desértica de decepción o dificultad. Estep es perspicaz y alentador en dar acciones prácticas que los líderes pueden tomar para liderar bien a través de cualquier desafío que se encuentren enfrentando.

Dale Schaeffer
Plantador y Revitalizador de iglesias, Superintendente de Distrito Florida
Iglesia del Nazareno

*¿Qué tienes en tus manos?* es un libro que deben leer todos los líderes. Estep ha escrito con autoridad bíblica un libro fascinante, cautivador y que invita a la reflexión sobre el apasionante tema del servicio de liderazgo tanto para los recién llegados como para los veteranos. Estep nos invita a tomar un camino transcultural con Moisés y el pueblo de Dios, a experimentar la presencia, la grandeza y las maravillas del Señor.

Carlos Fernandez
Director, Escuela Hispana de Ministerios
Distrito Kansas City, Iglesia del Nazareno

Para Diane.
La sabiduría, gozo y belleza que marcan tu vida produce un dulce perfume que recuerda a otros de Jesús. Acompañarte en el camino de la vida es un regalo.

# CONTENIDOS

| | |
|---|---:|
| Reconocimientos | 11 |
| Introducción | 13 |
| 1. Egipto: cuando los desvíos se convierten en los destinos | 17 |
| 2. Faraón, parte 1: liderazgo basado en el miedo | 21 |
| 3. Sifra y Fúa: desobediencia civil | 29 |
| 4. Jocabed: un caso de cesta | 35 |
| 5. Ira, parte 1: golpear a la gente | 39 |
| 6. Madián: donde los líderes son preparados | 45 |
| 7. La sarza ardiente, Parte 1: el llamado al liderazgo | 49 |
| 8. La sarza ardiente, Parte 2: la voz del liderazgo | 59 |
| 9. Faraón, parte 2: liderazgo descorazonado | 73 |
| 10. Las plagas y la pascua: la provisión de Dios | 81 |
| 11. El éxodo: la primera marcha hacia la libertad | 89 |
| 12. El mar Rojo: la libertad que Dios da | 95 |
| 13. Mara: lugares amargos de la vida | 101 |
| 14. Maná y codornices: danos hoy | 107 |
| 15. Amalecitas: los terroristas antiguos | 113 |
| 16. Jetro: una razón por la que los líderes colapsan | 119 |
| 17. Monte Sinaí: el lugar donde los líderes se encuentran con Dios | 129 |
| 18. Los Diez Mandamientos: las primeras tablas | 135 |
| 19. Los Diez Mandamientos: las segundas tablas | 143 |
| 20. El becerro de oro: adoración profana | 151 |
| 21. La hendidura de la roca: muéstrame tu gloria, Señor | 159 |
| 22. Bezaleel y Aholiab: El tabernáculo | 165 |
| 23. Los doce espías: la mayoría no siempre tiene la razón | 173 |
| 24. El desierto: el terreno donde se prueba la fe | 181 |
| 25. Coré y la chusma: tratando con personas de dura cervíz | 187 |
| 26. Ira, parte 2: golpeando las rocas | 193 |
| 27. Josué: no hay éxito sin un sucesor | 201 |
| 28. Monte Nebo: cuando el líder se despide | 207 |
| Notas | 213 |

# RECONOCIMIENTOS

Expreso mi profunda gratitud a todos los que hicieron posible este libro con sus contribuciones significativas.

Agradezco especialmente a Bonnie Perry, Rene McFarland y a todas las personas maravillosas de The Foundry Publishing por su ayuda y valentía, y por la oportunidad de asociarse en el desarrollo de líderes para la iglesia.

Quiero agradecer a las siguientes personas por leer el manuscrito y ofrecer numerosas y valiosas sugerencias: Kim Duey, Diane Estep, Scott Estep, Steve Estep, Geoff Kunselman, Greg Mason y Wayne Nelson. Si el libro es útil de alguna manera, se debe en gran parte a sus contribuciones. Si el libro no diera la talla, yo soy el único responsable.

Por último, agradezco a la Iglesia del Nazareno del Distrito de Kansas City, especialmente a sus pastores. Gracias por el privilegio de servirles mientras me esfuerzo por poner en práctica las lecciones de liderazgo de este libro.

# INTRODUCCIÓN
## *Por fe Moisés . . .*
## Hebreos 11:24

La historia de Moisés, al igual que las historias de todos los grandes líderes, gira alrededor de personas, lugares y acontecimientos. Para Moisés, la gente con la que se relaciona (es decir, Aarón, Faraón, Josué, Coré), los lugares que visita (es decir, el palacio egipcio, el Sinaí, el Refidim, el Mar Rojo), y los acontecimientos que experimenta (es decir, la zarza ardiente, las plagas, la entrega de la ley) lo moldean de maneras significativas. Su historia no puede ser contada sin ellos, ni la de ellos sin él.

Si usted es una persona con responsabilidades de liderazgo, (y la mayoría de nosotros lo somos, ya sea en el hogar, en la iglesia, en nuestras vocaciones o en varias otras actividades), hay mucho que aprender sobre el liderazgo de la vida de Moisés.

Algo que hay que aprender es que el liderazgo es difícil. Punto. Si Moisés, uno de los mejores líderes de la historia, vio que el liderazgo es desafiante, tú y yo no debemos esperar menos. Doris Kearns Goodwin, historiadora presidencial, identifica un rasgo consistente entre los grandes líderes: "La capacidad de trascender tanto la adversidad pública como la privada."[1] Moisés enfrentará adversidad tanto dentro de su propio campamento, como por fuera, sin embargo, sigue siendo decidido y deliberado en su liderazgo. Goodwin concluye: "El líder debe estar listo y ser capaz de enfrentar los desafíos que se presentan en los diferentes

## INTRODUCCIÓN

momentos."² Moisés, con la ayuda de Dios, soportará las pruebas y tribulaciones presentados por las personas, lugares y acontecimientos que marcan su liderazgo. A pesar de muchas frustraciones y fragilidades humanas, Moisés no retrocede ni renuncia, sino que se acerca más al corazón de Dios, aprendiendo la importancia de la obediencia, la paciencia, el valor, la fe y la oración.

Otra cosa que se debe aprender de Moisés es que los grandes líderes pasan tiempo significativo con Dios. Moisés es único en el Antiguo Testamento. Ve y habla con Dios de una manera que es distintiva. Es único entre sus contemporáneos y sus sucesores. Deuteronomio señala: "Nunca más hubo en Israel otro profeta como Moisés, a quien el SEÑOR conocía cara a cara" (Deuteronomio 34:10, NTV). Este sentimiento se reitera en Éxodo: ". . . el SEÑOR hablaba con Moisés cara a cara, como cuando alguien habla con un amigo" (Éxodo 33:11, NTV). El grado de intimidad e inmediatez con el que Moisés ve a Dios y habla con él es excepcional, y su ejemplo de oración intercesora es digno de mención. Él puede dirigirse instintivamente a Dios en oración cuando se enfrenta a desafíos significativos.

Entonces, ¿cómo lo hace Moisés? ¿Cómo hace él para crear más material bíblico que cualquier otro ser humano? ¿Cómo es que él es el gran portavoz de Dios, así como el que más milagros hace en todo el Antiguo Testamento? ¿Cómo llega a ser uno de los líderes más grandes de la Biblia? ¿Cuál es el secreto de su logro?

Él pasa mucho tiempo con Dios.

Por último, algo más que podemos aprender de Moisés es que Dios elige a personas inadecuadas para mostrar su poder y suficiencia. D. L. Moody describe la vida de Moisés en estas etapas: "Moisés pasó sus primeros cuarenta años pensando en que era alguien. Pasó sus siguientes cuarenta años aprendiendo que era un don nadie. Pasó la tercera porción de su vida, otros cuarenta años, descubriendo lo que Dios puede hacer con un don nadie."³

## INTRODUCCIÓN

El lugar del entierro de Moisés no es conocido y no tiene monumento. Pero si Moisés tuviera un monumento conmemorativo, hay varios epitafios potenciales, incluyendo:

"Amigo de Dios" (Éxodo 33:11)
"Poderoso en la palabra y en hechos" (Hechos 7:22)
"Por fe" (Hebreos 11:24).

Como Moisés, las personas, los lugares y los acontecimientos que usted y yo encontremos en el liderazgo nos brinden oportunidades para ser líderes buenos y piadosos.

— UNO —

# EGIPTO: CUANDO LOS DESVÍOS SE CONVIERTEN EN LOS DESTINOS

*Sus descendientes serán extraños en un país que no es el suyo...*
Génesis 15:13

Para recibir esta primera lección sobre liderazgo, tenemos que mirar hacia atrás, a Egipto, justo antes de la época de Moisés. Durante varios siglos, el antiguo Egipto fue la civilización preeminente del mundo Mediterráneo. Situada en el Norte de África, en el Mar Mediterráneo, Egipto fue el hogar de una de las civilizaciones más antiguas de la tierra. El corazón de Egipto —física, económica, social y religiosamente— era el río Nilo, que fluye a través del centro de la tierra, haciéndolo exuberante con tierra rica y oscura. Como fuente de la riqueza económica de Egipto, el río crea una carretera natural, así como una región fértil. (Tenga en cuenta que el Nilo desempeñará un papel importante en la historia de Moisés.)

La historia de los hebreos en Egipto comienza con el relato de José. Los hermanos de José estaban celosos por sus sueños y por ser el favorito de su padre; planean matarlo arrojándolo a un pozo.

Luego traman un complot para vender a José a unos comerciantes madianitas que llevan a José a Egipto donde es vendido a Potifar. Después de ser falsamente acusado de agresión por la esposa de Potifar, José es encarcelado. Allí, José gana la reputación de intérprete de sueños.

Cuando Faraón tiene una pesadilla que ninguno de sus sabios puede interpretar, José es llamado desde la prisión. Interpreta el sueño de Faraón y alcanza el segundo lugar al mando sobre todo Egipto. Algún tiempo después, Jacob envía a sus hijos a Egipto para encontrar alimento cuando la hambruna golpea su parte del mundo. José se ha ocupado de que Egipto no sólo esté preparado para la hambruna, sino que también tiene suficiente grano almacenado para vender a los países vecinos. Cuando los hijos de Jacob se aparecen ante su hermano para comprar comida, José se da a conocer a ellos y convoca a su padre, Jacob, y a su familia a Egipto, donde pueden ser sostenidos durante la hambruna.

Cuando los hebreos vienen por primera vez a Egipto, son tratados bien debido a José. José ha sido utilizado por Dios para liberar a los egipcios en una época de gran hambruna, y faraón lo favoreció a él y a su pueblo. Con la aprobación de faraón, los hebreos se instalan en Gosén, una tierra muy adecuada para sus manadas y rebaños.

Al principio, Egipto es un lugar de bendición. Al final, Egipto se convertirá en un lugar de carga opresiva. Mientras Dios usa Egipto para salvar a Israel de la hambruna y la extinción, con el tiempo, Egipto se convierte en un lugar de servidumbre y miseria para los hebreos. Su lugar de santuario y seguridad se convierte en un lugar de aflicción y esclavitud.

Pero Egipto nunca pretende ser el hogar permanente de los hijos de Dios, ni para José del Antiguo Testamento y su familia, ni para José del Nuevo Testamento y su familia. Egipto nunca pretende ser el destino final, aunque los hijos de Dios, por necesidad, a veces se encuentran como viajeros en una tierra que no es su hogar.

Cuando Israel finalmente abandona Egipto, muestran su propensión a hacer "destinos" de los "desvíos." Dios los envía por un desvío al comienzo del Éxodo, llevándolos intencionalmente por una ruta de rotonda a Canaán, porque la ruta más directa significaría guerra. Pero lo que estaba destinado a ser un desvío se convirtió en un destino para toda una generación que fallece en el desierto debido a su desobediencia.

*Lección de liderazgo:* **los desvíos son a menudo parte del viaje, pero rara vez están destinados a ser el destino final.**

Dios tiene la intención de que habites sólo por un tiempo algunos de los lugares de desilusión o dolor que encuentras en tu vida.

La tentación es establecerse en esos lugares de descontento o frustración, y permitirles, con el tiempo, convertirse en lugares de amargura o resentimiento. Esto sucede a menudo con las andanzas de los israelitas por el desierto. Uno de los lugares en los que "establecieron un campamento" fue incluso llamado "Amargura".[1]

Con el tiempo, incluso un lugar que originalmente era un lugar de refugio y liberación de las tormentas de la vida puede convertirse en un lugar de tiranía y represión. Un lugar que una vez fue una gran bendición puede convertirse en un lugar de gran carga.

Cuando uno de los desvíos de la vida lo lleven a usted a Egipto, encuentre una voz de confianza que le ayude a procesar el viaje, para identificar su situación actual como un desvío y para recordarle que no se conforme donde está. Vea su situación difícil por lo que es: una temporada no una vida, un desvío no un destino. Usted mismo no permita sentirse demasiado cómodo en Egipto. No haga del desvío un destino.

## Preguntas para el desarrollo del liderazgo

1. ¿Cómo diferencia usted entre un desvío y un destino?

2. Identifique un momento de su vida en el que se encontró en un desvío. ¿Cómo respondió?

3. ¿Calificaría esta temporada de su vida como un desvío o como un destino? ¿Por qué?

— DOS —

# FARAÓN, PUNTO 1: LIDERAZGO BASADO EN EL MIEDO

*Tiempo después, subió al poder de Egipto un nuevo rey que no conocía nada de José ni de sus hechos.*
Éxodo 1:8

En las Escrituras aprendemos que "faraón" es el título dado a los reyes de Egipto, al igual que el presidente, el gobernador o el emperador. En el Antiguo Testamento hay numerosos faraones en el poder. La primera vez que un faraón aparece en la Biblia está en Génesis 12 cuando la esposa de Abram, Sarai llama la atención del gobernante de Egipto. La siguiente aparición de un faraón ocurre en la historia de José (véase Génesis 37-47), cuando José es vendido a Potifar, uno de los funcionarios del faraón. Después de que José fue encarcelado injustamente, tiene una oportunidad de interpretar el sueño de faraón. Como resultado, José gana el favor de Faraón y es nombrado segundo al mando de toda la nación de Egipto.

Cuando la hambruna golpea la tierra durante el tiempo de José, él invita a su familia para que se traslade a Egipto, en donde los recursos necesarios para la vida son suficientes. Al principio, sólo un hebreo –José– hace su hogar en Egipto. Pero siguen setenta miembros de su familia, todos los que acompañan al patriarca israelita Jacob a Egipto. A medida que pasan las décadas, los israelitas comienzan a multiplicarse. Según Éxodo 12:37, la población de los israelitas en Egipto crece hasta incluir seiscientos mil hombres que son capaces de portar armas. Cuando se añade el número de mujeres, niños y ancianos, el total se acerca a dos millones de israelitas. Los hebreos aumentan en número de setenta a más de dos millones en sólo cuatro siglos.

La vida avanza y cambia rápidamente, ¿cierto? A medida que se desarrolla Éxodo 1, un nuevo Faraón llega al poder en Egipto. A diferencia del faraón en la historia de José, este faraón es un líder despiadado y compulsivo "quien no conocía nada de José" (Hechos 7:18).

---

***Lección de liderazgo:* la pérdida de "memoria comunitaria" puede tener un impacto significativo en un grupo, organización o institución.**

En este ejemplo, debido a que faraón no conoce la historia de José, pierde un vínculo vital tanto con la historia del pueblo hebreo como con su propia historia. La historia de intersección entre José y Egipto tiene profundas implicaciones históricas. La falta de conciencia de faraón de esta historia tendrá repercusiones intensas.

Para liderar bien, debe conocer la historia de las personas a las que sirve. Cuatro siglos después de José, el nuevo Faraón no es consciente de que el primer hebreo en llegar a Egipto fue utilizado por Dios para bendecir a Egipto y a las naciones circundantes. Como resultado de su desconocimiento de la historia de José, Faraón toma decisiones que resultan catastróficas para Egipto. Es importante conocer la historia —las historias— de las personas que dirige. Conocer esas historias le da a usted una valiosa perspectiva y comprensión que permite una toma de decisiones más informada.

## LIDERAZGO BASADO EN EL MIEDO

Los líderes siempre entran (o encuentran su lugar en) una historia que ya está siendo escrita. Debes familiarizarte con la historia de tu contexto de liderazgo.

---

El nuevo líder de Egipto altera la existencia del pueblo de Israel. Ya no disfrutan de la buena vida. Faraón, que no recuerda ni a José ni a su historia, cambia su realidad. ¿Pero por qué?

Los israelitas son "extremadamente fructíferos; se multiplicaron mucho, aumentaron en número y llegaron a ser tan numerosos que la tierra se llenó de ellos" (Éxodo 1:7). El crecimiento de la población hebrea en Egipto no deja pasar por alto la atención de Faraón, quién ve el creciente número como una amenaza.

El miedo se convierte en la principal motivación del liderazgo de Faraón. Su ansiedad es triple. Teme que los hebreos, por gran número, abrumen a los egipcios. Teme que la presencia de tantos judíos se convierta en un riesgo para la seguridad (es decir, si hay una invasión externa, los judíos se alinearían con el enemigo). Y teme que los hebreos se vayan, eliminando así a los esclavos que necesita para construir sus ciudades de almacenamiento, donde el grano y el aceite se almacenan para ser utilizados en años de escasez. El miedo del Faraón proporciona tres motivaciones correspondientes para esclavizar a los hebreos: el control de la población, la seguridad nacional y la riqueza económica. Faraón tiene miedo de lo que pueda pasar. Los israelitas podrían aumentar más. Los israelitas podrían rebelarse. Los israelitas podrían devastar la economía de Egipto al abandonar el país.

---

*Lección de liderazgo:* **los líderes implacables a menudo utilizan la "seguridad nacional" y la "estabilidad económica" para racionalizar las políticas que conducen a la brutalidad y la opresión de los impotentes.**

## FARAÓN, PARTE 1

En el caso de Faraón, las políticas que conducen a la ventaja económica para Egipto vienen a costa de la libertad de los israelitas. Uno puede observar fácilmente patrones similares a lo largo de la historia mundial. Y no es difícil ver cómo los líderes aprovechan esos mismos temores hoy en día.

---

El miedo de Faraón se vuelve tan grande que toma medidas para controlar la rápida multiplicación del pueblo israelita. Idea una manera que no sólo los eliminará como una amenaza para la seguridad nacional, sino que también los convertirá en un activo para la economía nacional. Faraón se aferra de un plan para oprimirlos, con la esperanza de reducir su número a través de trabajos forzados.

Los hebreos, originalmente pastores, ahora están en servicio en los campos de ladrillo. Se ven obligados a proporcionar la mano de obra necesaria para construir dos ciudades de almacenamiento para Faraón. Su mano de obra esclava proporciona obras públicas asequibles. Los israelitas se convertirían en la columna vertebral de la economía egipcia. Faraón necesita suficiente de ellos para producir una amplia oferta de ladrillos, pero no tantos que puedan rebelarse. (Es una situación que debe ser inquietantemente familiar para nosotros hoy en día, ya que recordamos que los esclavos afroamericanos de los siglos XVIII y XIX encontraron una fuerte conexión entre su difícil situación y la difícil situación de los hebreos esclavizados en Egipto.)

En Egipto, colocan amos sobre los esclavos hebreos para oprimirlos sin piedad y amargarles la vida con trabajos duros. Faraón decide explotarlos y reducir tanto su número como su espíritu por el rigor de la obra. Mientras el miedo está detrás del trato opresivo que los israelitas reciben a manos de los egipcios, Faraón se beneficia al disminuir su amenaza de la seguridad nacional y aumentar su ventaja económica con la libre labor de los esclavos.

*Lección de liderazgo:* **el liderazgo basado en el miedo a menudo conduce a la opresión.**

El miedo hará que los líderes actúen de maneras que repriman la libertad de aquellos a quienes lideran. Literalmente, faraón está en la cima de la pirámide del poder. Lo tiene todo, sin embargo, se pone ansioso por lo que percibe ser una amenaza para su reino. Tal vez cuanto más tiene qué perder un líder, más fácil es volverse ansioso y impulsado por el miedo.

Dios llama a los líderes para bendecir a la gente en lugar de oprimirla. Como líder, debe evaluar si sus políticas tienden a resultar en bendición o en opresión, y si sus prácticas ponen cargas sobre las espaldas de las personas o las empoderan para ser mejores, más libres y más integrales.

¿La gente lo sigue a usted porque lo temen o porque temen las consecuencias de no seguirlo, o porque saben que a usted le importa tanto ellos como le importa la misión? ¿Siente su equipo miedo, vergüenza o ansiedad como resultado de servir con usted? O, ¿sienten gozo, esperanza y un sentido de propósito y logro como resultado de servir con usted?[1]

Si las personas bajo su cuidado están en cautiverio, usted necesita reevaluar sus prácticas de liderazgo.

La esclavitud es la primera solución de Faraón por la explosión de la población de Israel. Espera que el trabajo forzoso agote sus números, asegurándose de que no tendrán el tiempo ni la energía para reproducirse. No se puede negar que los israelitas experimentan adversidades en Egipto. Se les hace esclavos, se les sobrecarga de trabajo y baja compensación. Sin embargo, la opresión de Egipto resulta inútil y conduce a un mayor aumento. Cuanto más oprimen a los hebreos, más se multiplican.

La fertilidad de los israelitas es el resultado del favor de Dios y un recordatorio de la bendición inicial de Dios a la humanidad en Génesis 1: "Sean fructíferos y multiplíquense..." (Génesis 1:28, NTV).

**Lección de liderazgo:** **los líderes hacen bien en recordar que la adversidad no carece de bendición.**

El despiadado y temeroso líder egipcio no puede detener las bendiciones de Dios. El pueblo de Dios a menudo testifica de la verdad de esta paradoja: a mayor adversidad, mayor bendición. Los israelitas florecen debido a la bendición divina. Florecen a pesar de sus circunstancias. Lo mismo se puede ver a lo largo de la historia de la iglesia. La persecución muy a menudo resulta en el florecimiento de la iglesia, no en su disminución.

A pesar de la opresión de faraón, los hebreos continúan multiplicándose. Su fertilidad sólo aumenta el miedo de faraón, lo que conduce a una opresión más despiadada, lo que produce una mayor fertilidad, y lleva a atrocidades aún mayores.

**Lección de liderazgo:** **no temas lo que Dios está bendiciendo.**

Los líderes que no están alineados con Dios pueden sentirse ansiosos por aquello que Dios esté bendiciendo cuando se percibe como una amenaza para nuestro propio reino. Los líderes pueden temer lo que Dios está bendiciendo debido al impacto potencial a nuestro propio poder o posición. Podríamos percibir el creciente protagonismo de los demás como una disminución de nuestra propia posición. Sin embargo, la bendición y la provisión de Dios no se verán frustradas por la opresión basada en el miedo de un líder.

## LIDERAZGO BASADO EN EL MIEDO

El liderazgo que se basa en el miedo puede convertirse fácilmente en un liderazgo basado en temores. Cuando el "programa" de opresión de faraón no detiene el crecimiento poblacional de los hebreos, da instrucciones de que todos los bebés varones hebreos se ejecuten al nacer.

La opresión de faraón a los hebreos sucede en dos etapas. La primera etapa es la esclavitud; la segunda etapa es el genocidio. Cuando la esclavitud no produce el control demográfico deseado, faraón recurre al infanticidio. El planea una estrategia inteligente para la eliminación de los niños de Israel e instruye a las parteras hebreas para que los maten durante el proceso de parto.

Cuando las parteras ignoran la directiva de faraón y él las llama, y ellas le dan una explicación dudosa: [Las mujeres hebreas] "son más vigorosas y dan a luz con tanta rapidez que siempre llegamos tarde" (Éxodo 1:19, NTV). Faraón se da cuenta del decreto de que las parteras se deshagan de los bebés hebreos masculinos es ineficaz por lo que intensifica el genocidio al ordenar a la población egipcia en general que asesinen en masa de los bebés hebreos. La solución final es la matanza de todos los bebés varones arrojándolos al río Nilo.

Este puede ser el primer ejemplo del antisemitismo en la historia, pero ciertamente no será el último. Faraón es sólo el primero en una larga línea de líderes desastrosos cuyo liderazgo está marcado por la muerte más que por la vida. Una narrativa similar aparece en el Nuevo Testamento. Cuando Herodes se entera del nacimiento de Jesús por medio de los sabios, ordena la muerte de todos los niños varones en Belén menores de dos años en un intento desesperado de matar al niño prometido.

Aunque los hebreos se estén multiplicando, también están sufriendo. Y Dios nota su sufrimiento. El pueblo de Dios necesita un libertador. Dios escuchará los gritos de su pueblo y proveerá un libertador, pero primero habrá que libertar al libertador.

## Preguntas para el desarrollo del liderazgo

1. ¿Cómo se familiarizan los líderes con las historias de las personas que dirigen?

2. ¿En qué tipo de situaciones eres propenso a mostrar un liderazgo basado en el miedo? ¿A qué le temes?

3. ¿Es posible que un líder que subyuga a otros por medio del temor pueda convertirse en un líder de bendición para otros? ¿Cómo puede suceder eso?

— TRES —

# SIFRA Y FÚA: DESOBEDIENCIA CIVIL

Me convencí de que la desobediencia al mal es tanto una obligación moral como la cooperación con el bien. Martin Luther King J.[1]

La existencia misma de Moisés se puede atribuir a las acciones de seis mujeres diferentes llenas de gracia y valientes. En varios momentos de la vida de Moisés, estas mujeres obran para llevar a cabo su liberación. Las seis mujeres son Sifra y Fúa (las parteras hebreas), Jocabed (madre de Moisés), María (hermana de Moisés), la hija de Faraón y Séfora (esposa de Moisés). Aunque Moisés nace en un mundo de genocidio, Dios usó a varias mujeres para liberar a quien sería utilizado por Dios para liberar a los israelitas.

El miedo del Faraón a una población creciente de esclavos conduce a este a una brutalidad terrible. Él determina controlar la creciente población de esclavos hebreos matando a sus bebés varones, y exige la ayuda de dos parteras para hacer eso.

Una partera es una persona que ayuda a las mujeres durante el trabajo de parto y el alumbramiento y después del nacimiento de los bebés. Las parteras proporcionan la seguridad de una mano experimentada para consolar a las madres embarazadas y ayudar a dar a luz a sus bebés. Su trabajo es especialmente importante en culturas en las que los obstetras u hospitales son escasos. Con tantas mujeres hebreas teniendo hijos, es probable que Sifra y Fúa sean las "parteras principales" y tengan otras mujeres trabajando bajo su supervisión. Faraón instruye a las parteras hebreas para que observen cómo nace el bebé. Si se trata de una niña, el nacimiento será de forma natural. Sin embargo, si se trata de un niño, la partera debe acabar con su vida: "Cuando ayuden a las mujeres hebreas en el parto, presten mucha atención durante el alumbramiento. Si el bebé es niño, mátenlo; pero si es niña, déjenla vivir" (Éxodo 1:16, NTV). En uno de los primeros actos registrados de "desobediencia civil" en la Biblia, Sifra y Fúa se niegan a aceptar el plan de Faraón. Se niegan a obedecer una ley maligna debido a un bien superior. Estas mujeres nos recuerdan que sólo porque un asunto sea legal no significa que sea moral.

***

***Lección de liderazgo:* el liderazgo divino puede significar asumir el papel de resistencia y desobediencia civil apropiada.**

Se requiere una resistencia valiente cuando los que tienen autoridad le piden hacer lo que usted sabe que está mal. Cuando las leyes del hombre son contrarias a las leyes de Dios, entonces "nosotros tenemos que obedecer a Dios antes que a cualquier autoridad humana" (Hechos 5:29, NTV). Hay varios ejemplos notables en la Biblia de resistencia valiente, incluyendo la negativa de Daniel a obedecer la prohibición del rey de orar[2] y la negativa de los tres jóvenes hebreos a arrodillarse ante la imagen de oro de Nabucodonosor.[3] También hay ejemplos de la historia más reciente, incluyendo las historias de Dietrich Bonhoeffer y Corrie Ten Boom, así como el movimiento por los derechos civiles en los Estados Unidos.

Cuando se trata de la desobediencia civil, el autor y teólogo Warren Wiersbe dice: "Cuando los cristianos desobedecen la ley debido a su conciencia, sus decisiones deben basarse en la ley clara de Dios que se encuentra en las Escrituras, y no simplemente en los prejuicios personales. Tenga en cuenta también que las parteras, Daniel y sus amigos y los apóstoles fueron corteses en la forma en que trataron con las autoridades civiles".[4]

Como personas que vivimos en un mundo caído, hay momentos en los que tendremos que elegir entre males mayores y menores. En dichos tiempos, necesitamos la sabiduría de Dios para liderar.[5] "Mientras la creación esté gimiendo por el pecado (Romanos 8:22)," advierte Wiersbe, "enfrentaremos decisiones difíciles."[6] La profesora del Antiguo Testamento H. Junia Pokrifka escribe sobre la responsabilidad de los líderes piadosos de nuestros días: "Dios sigue llamando a las personas a la desobediencia civil como la de las parteras hebreas cada vez que los líderes y sus políticas se oponen a la justicia de Dios y a la santidad de vida."[7]

---

Las parteras liberarán a Moisés dos veces, una vez desde el vientre de Jocabed, y la segunda vez de la amenaza de Faraón. Motivadas por su respeto a Dios (Éxodo 1:17), se resisten al decreto de Faraón y se niegan a matar a los niños y a pretender que el bebé nació muerto. En lugar de obedecer a Faraón, permiten que los niños vivan. Como resultado de su valentía, Dios bendice a las parteras y les da "familias propias" (Éxodo 1:21). Son recompensadas por su valor divino.

---

*Lección de liderazgo:* **a menudo, las mejores recompensas por el servicio virtuoso son dadas por Dios en lugar de por las personas. Experimentar el favor de Dios es preferible por encima de cualquier premio humano u honor.**

---

Cuando Faraón se da cuenta de que su primer decreto no está produciendo los resultados deseados, pide a las parteras que le expliquen. Ellas le dicen a Faraón que las madres israelitas son robustas y dan a luz antes de que puedan llegar a ellas. Su sabia respuesta desvía la atención del gobernante egipcio lejos de las parteras.

*Lección de liderazgo:* **a menudo, los nombres que se recuerdan en la historia son a aquellos cuyas vidas reflejan un valor poco común.**

Es digno de mención que conozcamos los nombres de las dos heroicas parteras hebreas: sus nombres los recordamos y los celebramos. Pero el nombre de este Faraón en particular no lo registra ni la Biblia ni la historia de Israel.

Entonces Faraón emite una segunda regla que se aplica no sólo a las parteras, sino a todo Egipto: "Tiren al río Nilo a todo niño hebreo recién nacido; pero a las niñas pueden dejarlas con vida" (Éxodo 1:22, NTV). El primer edicto —"mata a los varones"— se da específicamente a las parteras. El segundo edicto —"arrojar a todos los niños al Nilo"— se da a toda la gente.

Ya era un desafío para un niño hebreo sobrevivir al parto, pero ahora se vuelve casi imposible.

### Preguntas para el desarrollo del liderazgo

1. ¿La desobediencia civil es siempre una opción viable para un seguidor de Cristo? ¿Cuál es la razón de su respuesta?

2. ¿Cuáles son algunos casos en los que la desobediencia civil le ha inspirado o consternado?

— CUATRO —

# JOCABED: UN CASO DE CESTA

*"Fue por la fe que cuando nació Moisés, sus padres lo escondieron durante tres meses. Vieron que Dios les había dado un hijo fuera de lo común y no tuvieron temor de desobedecer la orden del rey"*
Hebreos 11:23, NTV.

Alrededor de la época en que se le da la orden a todo Egipto de arrojar a los niños hebreos al Nilo, una mujer hebrea llamada Jocabed da a luz a un niño que conocemos como Moisés. Él tiene una sentencia de muerte en su cuello desde su nacimiento. El decreto de Faraón significa que Moisés nace en un mundo en el que la esperanza de vida es nula.

Jocabed está casada con Amram. Amram es el padre de Moisés. La Biblia no dice mucho de los padres de Moisés, sólo nos dice que son de la "casa de Leví," que establece que Moisés sea de la orden.[1] Sabemos por Hebreos 11:23 que Amram y Jocabed tienen fe, no sólo se alaba la fe de Moisés, sino también la fe de sus padres. Amram no se nombra en Éxodo 2, pero aparece en las genealogías del Antiguo Testamento en Éxodo 6, Números 3 y 1 Crónicas 6. Jocabed significa "el honor de Jehová." La Biblia sólo menciona dos veces su nombre en Éxodo 6 y Números 26. Amram y Jocabed tienen otros dos hijos además de Moisés: María (o Miriam) y Aarón. Aarón es tres años mayor que Moisés.[2] No sabemos nada sobre la edad de Miriam, pero, a juzgar por la historia de Éxodo 2:1-10, probablemente es de ocho a diez años mayor que Moisés.

Desde su nacimiento, Moisés es una persona "común y corriente."³ Cuando la madre de Moisés ve a Moisés nacer dice "hermoso" o "bueno". Parece haber habido algo significativo en la apariencia de Moisés. Aunque cada madre piensa que su hijo es hermoso, Moisés era excepcional. Es un bebé tan guapo que sus padres se niegan entregarlo al Nilo. En su lugar, eligen esconderlo en silencio en reclusión. Están dispuestos a desafiar al Faraón y a hacer todo lo que esté en su poder para salvar a Moisés.

En esta historia, vemos que Amram y Jocabed tienen una convicción creciente en sus corazones un gran destino le espera a su bebé. Creyendo que Dios tiene un propósito especial para él, hacen lo que pueden para mantener a Moisés vivo, ocultando su presencia. Esto no es fácil de hacer pues todos los egipcios se convirtieron en espías del Faraón.

A Moisés lo ocultan exitosamente los primeros tres meses de su vida, pero finalmente sus padres saben que ya no pueden esconderlo. Así que Jocabed teje una cesta de papiro y la recubre con brea y resina para que sea una embarcación que flota e impermeable. Su plan es elegante en su simplicidad. Colocan a Moisés en la pequeña canasta y luego cuidadosamente lo echan entre los juncos a orillas del Nilo. Ella no está obedeciendo la letra de la ley, sino el espíritu de la ley.

La palabra hebrea utilizada para la cesta de papiros ocurre sólo en otro lugar de la Biblia, como una descripción del arca de Noé. Jocabed hace un arca en miniatura para salvar a Moisés. Peter Enns, un conocido autor y teólogo, observa la conexión especial entre Noé y Moisés. Ambos, dice, son seleccionados para renunciar a un destino trágico y acuoso, ambos se colocan en una "cesta", y ambos son los vehículos a través de los cuales Dios crea un nuevo pueblo para sus propios propósitos. El paso seguro de Moisés a través de las aguas del Nilo mira hacia atrás a la historia del diluvio y hacia adelante a su eventual paso por el Mar Rojo[4].

Jocabed le dice a su hija, Miriam, que observe al niño mientras la cesta llega a un lugar donde sabía que la hija de Faraón se bañaba. Esa mañana, cuando la princesa egipcia llega al Nilo a lavarse, ve la cesta, oye los gritos del bebé y su corazón se inclina hacia él. Miriam, siguiendo la pista, se acerca a la hija de Faraón y le pregunta si puede ser útil trayéndole una niñera para el bebé.

---

**Lección de liderazgo: las acciones fieles de los padres pueden ser lecciones dadoras de vida para los hijos.**

Jocabed y Amram tienen fe para creer que Dios tiene planes especiales para su bebé. La fe les permite tomar riesgos y creer que pueden obrar proporcionando protección para su bebé. Un "caso de canasta" es un término (en algunas culturas) que generalmente se refiere a alguien que ha perdido la capacidad de funcionar racionalmente. Jocabed está obrando fiel, sabia e inteligentemente. Sus acciones creativas salvarán la vida de Moisés. Las oraciones y las acciones fieles de los padres piadosos han contribuido mucho al reino de Dios.

Los padres de Moisés son grandes modelos de ver e inculcar un sentido del destino en un niño. Sería hermoso que todos los padres pudieran ver y nutrir los dones y el potencial dados por Dios en sus hijos.

---

La hija de Faraón emplea a Jocabed, la madre de Moisés, como la niñera de Moisés. En un giro irónico providencial, a Jocabed le pagan para cuidar a su propio hijo. Mientras que la lactancia es necesaria para la supervivencia física, la salud y el crecimiento, la unión entre Moisés y su madre biológica proporcionó la formación de su identidad como hebreo en lugar que la de un príncipe egipcio.[5]

No sabemos cuánto tiempo se quedó Moisés con su madre, Jocabed. Probablemente no más de tres o cuatro años, hasta que fue destetado. Pero la madre de Moisés no sólo le habría proporcionado leche, sino también nutrición e instrucción. Moisés sin duda habría aprendido acerca de su liberación providencial por la mano de Dios, así como un entendimiento rudimentario de los hebreos. Así, en su formación, Moisés aprendió acerca de los dos mundos —el hebreo y el egipcio— y ese conocimiento le serviría bastante en los años venideros.

### Preguntas para el desarrollo del liderazgo

1. ¿Qué impacto ha tenido la fe de sus padres en su vida?

2. Si tienen hijos, ¿qué impacto ha tenido su fe en sus vidas?

— CINCO —

# IRA, PARTE 1: GOLPEAR A LA GENTE

La violencia, en verdad, vuelve a recaer sobre los violentos, y el estafador cae en la fosa que cava para otro. Arthur Conan Doyle1[1]

Hay una brecha de cuarenta años en la historia de Moisés. La Biblia guarda silencio acerca de las experiencias de Moisés cuando era niño, joven y adulto en la corte de Faraón. Un versículo retrata a Moisés como un bebé y en el siguiente lo describe como un hombre completamente adulto, un príncipe en Egipto. Parece que Moisés está siendo entrenado para el trono de Egipto y preparado por la hija de faraón para la vida propia en la corte de Faraón. El Nuevo Testamento nos dice que "Moisés fue educado en toda la sabiduría de los egipcios y fue poderoso en el habla y la acción" (Hechos 7:22, NTV).

Las épocas de la vida de Moisés se pueden dividir en tres partes: la primera como príncipe en Egipto, la segunda como pastor en Madián, y la última como libertador guiando al pueblo de Dios por el desierto. A los cuarenta años Moisés toma una decisión que cambiaría su vida, "decidió visitar a sus parientes, el pueblo de Israel" (Hechos 7:23, NTV). No se nos dice por qué Moisés decidió ir. Posiblemente sus responsabilidades le requerían observar las relaciones egipcio-hebreos. Tal vez se sintió atraído por explorar sus propias raíces. Cualquiera que sea la razón, la que lo haya motivado, mientras está allí, ve una escena trágica: un egipcio golpeando a un hebreo.

Mientras Moisés observa la esclavización de los suyos, se agitaron sus emociones. Luego ve a un capataz egipcio de obra golpeando a un hebreo, a uno de "sus hermanos." Es posible que el oficial egipcio no sólo esté disciplinando al esclavo hebreo, sino que lo esté golpeando hasta la muerte. Uno se pregunta si Moisés primero se identifica con el egipcio, sólo para sentirse conmovido por un sentido de parentesco con aquel que está siendo golpeado. La expresión que se repite, "su propio pueblo,"[2] indica que Moisés siente una afinidad y una fuerte identificación con los israelitas.

---

**Lección de Liderazgo:** la habilidad de identificarse con el sufrimiento de las personas es un componente significativo para un liderazgo efectivo.

El pueblo de Dios está sufriendo en Egipto. En Éxodo 2, Moisés comienza a identificarse con ese sufrimiento. Parte del desarrollo de un líder es la capacidad de tener empatía por los demás.

---

La paliza del egipcio al esclavo israelita evoca una fuerte respuesta en Moisés. Agitado por la compasión por los oprimidos, Moisés entra en acción buscando justicia. En un estallido repentino de ira, mata al egipcio que está maltratando al hebreo. Aquí tenemos la primera indicación de que la ira es un problema para Moisés. De hecho, su ira estallará una y otra vez a lo largo de la historia del Éxodo. A veces Moisés es volátil, lleno de energía tormentosa. En este caso, y en otros que siguen, Moisés no responde reflexivamente y en oración ante las circunstancias, sino que responde reaccionando emocional y precipitadamente.

*Lección de liderazgo:* **cuando los líderes tienen ira incontrolada, las situaciones empeoran.**

Una de las tentaciones de un líder apasionado es "hacer mover los asuntos" por la carne. La directiva bíblica: "No por el poder ni por la fuerza, sino por mi Espíritu --dice el SEÑOR de los ejércitos" (Zacarías 4:6, LBLA), es un recordatorio útil de que los líderes sirven mejor cuando actúan en sincronía con los caminos de Dios.

Cuando los líderes operan por la carne, los resultados suelen ser menos de lo deseable. Actuar impulsivamente es ceder a la tentación del orgullo: la fuerza humana obrando en la situación. Ciertamente, la violencia no es la respuesta. La libertad lograda por medios pecaminosos no es la libertad en lo absoluto. El autor F. B. Meyer se refiere al asesinato del egipcio por Moisés, para libertar de las tareas egipcias a sus compatriotas, como el "primer intento de liberación" de libertar a su pueblo.[3] Moisés actuaba con su propio poder: imprudente, impetuoso y testarudo.

Es posible que los líderes crean que están haciendo la voluntad de Dios y que son impulsados por los propósitos del reino, pero por el contrario, están tomando las cosas en sus propias manos. Si es así, esos líderes descubrirán que Dios no puede bendecir su obra.

La acción de Moisés es impulsiva, pero también es premeditada. La Biblia dice que Moisés mira a su alrededor para asegurarse de que no haya testigos antes de golpear al egipcio.[4] Toma la justicia en sus propias manos, asegurándose de que sea un momento oportuno para actuar y que no sea observado por un testigo. Moisés entonces mata al egipcio y entierra el cuerpo en la arena.

# IRA, PARTE 1

*Lección de liderazgo:* "Ocultar el mal obrar no borra el mal. Sólo pospone su descubrimiento."[5]

Si tienes que encubrir tu comportamiento, puedes estar seguro de que no has actuado de acuerdo con la voluntad de Dios. Cuando entierras la ira, siempre la entierras viva. Y siempre vuelve a perseguir al que la enterró.

Ni la ira de Moisés ni el cadáver del egipcio permanecerían ocultos por mucho tiempo. Desafortunadamente para Moisés, la víctima hebrea del egipcio es testigo del asesinato y la acción de Moisés hecha en secreto, pronto es conocida públicamente.

Moisés aprende rápidamente que no son sólo los egipcios los que son propensos a la agresión violenta. Al día siguiente Moisés trata de reconciliar a dos judíos que están luchando. Rechazan su ayuda. Moisés, protestando por la violencia, grita: "¿Por qué golpeas a tu hermano?" El agresor se burla de Moisés recordándole a Moisés la violencia de él, el día anterior.

No aclaman a Moisés como un héroe. El mismo pueblo al que Moisés acaba de defender, lo traiciona. El secreto es público. Lleno de aprensión y temor, sabe que su vida está ahora en peligro. Cuando Faraón se entera del asesinato, pide la vida de Moisés. Puede ser que Faraón nunca haya confiado en Moisés. Tal vez siempre estaba buscando a Moisés para encontrar algún error o para comprobarse a sí mismo de que Moisés era enemigo de Egipto. Cuando Moisés asesina al egipcio, Faraón intenta de nuevo matar a Moisés, esta vez directamente.[6]

El primer acto de identidad de Moisés con su pueblo fracasó. Él asesina a un egipcio y debe huir de Egipto. En el lapso de unos pocos versículos, Moisés pasa de ser un príncipe con estatus privilegiado a un fugitivo exiliado en una tierra extranjera.

***Lección de liderazgo:*** **los líderes son capaces de hacer lo correcto de la manera equivocada.**

Es correcto defender a los indefensos y a aquellos contra quienes se está cometiendo violencia. Eso es lo correcto. Sin embargo, es erróneo defender a las personas infligiendo a sus abusadores la misma violencia que ellos están infligiendo.

Como dice el autor James Boice: "No avanzamos en nuestra causa matando egipcios".[7] Como resultado de la acción de Moisés, su propio pueblo lo rechazará. Cuando los líderes llamados por Dios hacen su trabajo de maneras mundanas, los resultados no honran a Dios ni construyen la comunidad. "Los fines espirituales nunca se logran por medios carnales," dice Swindoll. "No se puede plantar un acto carnal y cultivar frutos espirituales."[8]

Cuando rehusamos buscar la dirección de Dios e insistimos en manejar las cosas nosotros mismos, por lo general terminamos con un lío en nuestras manos. No basta con que los líderes hagan lo correcto; deben hacer lo correcto de la manera correcta.

---

Moisés ha fracasado, y ha fracasado de manera épica. Su fracaso es público, y tiene consecuencias significativas. Como resultado, la trayectoria de su vida cambiará.

---

***Lección de liderazgo:*** **un fracaso no necesariamente lo descalifica de servir en el futuro.**

Con demasiada frecuencia, cuando los líderes fracasan públicamente es fácil encerrarse en sí mismo y retirarse, abrumado por la pena y la vergüenza. Esos líderes a veces se consideran inelegibles para el servicio futuro. Moisés ciertamente falla, pero eso no significa que Dios no lo usaría. A pesar de su fracaso, Moisés aprenderá que Dios tiene planes significativos para su futuro.

## Preguntas para el desarrollo del liderazgo

1. ¿Cómo describiría usted el papel de la empatía de su liderazgo?

2. ¿Cuáles son los indicadores de que un líder tiene problemas de ira?

3. ¿Puede recordar usted un momento en el que hizo lo correcto de la manera equivocada?

4. Como líderes, ¿cómo podemos asegurarnos de que estamos respondiendo en sincronía con el espíritu en lugar de reaccionar impulsivamente en la fuerza humana?

— SEIS —

# MADIÁN: DONDE LOS LÍDERES SON PREPARADOS

*En las Escrituras no encontramos ningún líder perseguido que hubiera optado por desistir de ser parte de la historia sólo porque costaba mucho ser usado por Dios. Fueron victoriosos porque todos descubrieron el infinito gozo de Pablo. ¿Cómo lo hicieron? Se concentraron en el drama santo que llevaban dentro de sí mismos. Esta es la única forma en que Dios los usó sagradamente para servirle al pueblo al que fueron llamados.*

M. Craig Barnes[1]

Antes que Moisés llegara a ser el redentor de Israel, experimentó el rechazo de Israel y se convirtió en paria. Cuando Moisés llega a Madián es un fugitivo de la justicia y una persona sin nación. Él se sienta cansado junto a un pozo. Cualquier grupo egipcio que lo hubiera estado siguiendo quedó lejos, y está listo para descansar. Allí, en el pozo, se encuentra con las hijas del sacerdote de Madián. Pastores están intimidando a las pastoras exigiéndoles bruscamente el agua que ellas habían sacado. Moisés defiende a las mujeres, los intimidadores se van y las pastoras invitan a Moisés a casa para disfrutar de la hospitalidad de su padre, Jetro.

Al igual que Isaac y Jacob, Moisés conoce en un pozo a su futura cónyuge. Finalmente se casa con una de las pastoras que había librado de los matones, y Jetro provee para Moisés tanto una esposa (su hija Séfora) como un trabajo pastoreando sus ovejas.

Para Moisés, Madián se convierte en el lugar de preparación. Pasará los próximos cuarenta años de su vida como pastor.[2] El que fue el Príncipe de Egipto, ahora está solo en el desierto cuidando ovejas. Wiersbe dice: "El hombre que fue 'poderoso en palabra y obra' está ahora en las pasturas remotas cuidando de ovejas obstinadas, pero ese es el tipo de preparación que necesitaba para dirigir una nación de gente obstinada."[3]

El autor y teólogo Jonathan Kirsch le quita el fulgor a cualquier visión romántica de las tareas diarias de un pastor. Explica: El verdadero trabajo de un pastor es arduo, sucio y solitario. El pastor tiene que alimentar el rebaño y tiene que llevarlo a fuentes de agua todos los días, por lo que cada día es una búsqueda urgente para encontrar un nuevo prado y manantial. Debe evitar que los animales curiosos y a veces rebeldes se desvíen demasiado del rebaño. Debe mantener a raya a los chacales, halcones y otros depredadores sólo con el bastón de pastor. Sobre todo, el pastor está solo en su obra: el rebaño depende totalmente del pastor, y el pastor no depende de nadie más que de Dios. Esta descripción del trabajo de un pastor, hasta suena casual, sin embargo, podemos decir con justicia, que para el pastor de una iglesia, la descripción tiene mayor significado y pertinencia, tanto en lo espiritual como en lo político, y la Biblia aprovecha de ambos al máximo.[4]

Madián es el lugar donde se forman los pastores, y donde el príncipe aprenderá a ser un líder. Madián es el lugar donde Dios envía a Moisés a la escuela de liderazgo. Su salón de clases es el desierto, el lugar donde los líderes son moldeados, forjados y probados. Sus seguidores son las ovejas bajo su cuidado. Su maestro es Dios, que lo lleva a Madián para formar su carácter en la soledad del desierto.

El carácter de Moisés tardará años en formarse, y eso sucede en el desierto de Madián.

Durante los cuarenta años que Moisés sirve como pastor, también aprende de su herencia hebrea. Los patriarcas eran nómadas que seguían sus rebaños y manadas alrededor de Canaán. Cuando Jacob y sus doce hijos se establecieron originalmente en Egipto como resultado de una hambruna, los hermanos de José le dicen a faraón que su familia es experta en el cuidado de rebaños y manadas.[5] Moisés experimenta ahora ese estilo de vida y está aprendiendo las lecciones que su pueblo experimentó y aprendió durante siglos.

No conocemos los pensamientos de Moisés sobre Egipto ni su potencial perdido durante esos días solitarios mientras cuidaba las ovejas. El hombre que hubiera podido ser príncipe de Egipto ahora se encuentra solo en el desierto.

---

***Lección de liderazgo:*** **la soledad puede ser una experiencia valiosa en la preparación para el liderazgo.**

Dios prepara a Moisés en el desierto de Madián para que sea el libertador de Israel. Dios lo está preparando para que ejecute su importante plan. Wiersbe dice: "Los cuarenta años de espera y trabajo de Moisés lo prepararon para toda una vida de ministerio fiel."[6] ¿Podría Dios estar usando un tiempo de soledad para prepararlo para la misión de su vida?

En el ensayo, "El peligro moral de la meritocracia" (The Moral peril of reritocracy) de David Brooks, escribe que el fracaso nos enseña quiénes somos y produce renovación moral si ese fracaso nos lleva a "un período de soledad, en el desierto, donde puede ocurrir la auto-reflexión." El desierto nos despoja de la forma de probar nuestro valor. Brooks dice: "Balden Lane, en su libro Yendo de Expedición con los Santos (Back-Packing with the Saints), pregunta, ¿qué sucede en donde no hay público, ni nada que él pueda lograr? Él se desmorona. El ego se disuelve. 'Sólo entonces es capaz de ser amado.'"[7]

Hay algunas verdades que se descubren mejor en soledad. El desierto puede enseñarnos la habilidad vital de cómo servir sin ser reconocidos. También nos ayuda a desarrollar confianza que no se basa en logros.[8]

### Preguntas para el desarrollo del liderazgo

1. ¿Qué lugares y experiencias ha usado Dios para prepararlo a usted para el liderazgo?

2. ¿De qué manera, la soledad ha desempeñado un papel en su preparación pasada o presente para el liderazgo?

3. ¿De qué manera se puede comparar su responsabilidad de liderazgo con el pastoreo?

## — SIETE —
# LA SARZA ARDIENTE, PARTE 1: EL LLAMADO AL LIDERAZGO

*La tierra está repleta de cielo*
*Y toda zarza común arde con Dios,*
*pero sólo el que ve se quita los zapatos;*
*El resto se sienta y arranca zarzamoras.*

**Elizabeth Barrett Browning**

En su trabajo destacando el liderazgo de cuatro presidentes de los Estados Unidos (Lincoln, T. Roosevelt, F. Roosevelt y L. Johnson), la historiadora Doris Goodwin pregunta: "¿Forman los líderes los tiempos o son los tiempos los que convocan a sus líderes?" Ella sigue: "Si no hay opresión, no tienes al gran Emancipador." Goodwin, además observa la importancia de la resiliencia para el crecimiento del liderazgo: "Los eruditos que han estudiado el desarrollo de los líderes han situado la resiliencia, la capacidad de sostener la ambición frente a la frustración, en el corazón del crecimiento potencial del liderazgo. Más importante que los acontecimientos por el que pasaron los líderes, fue cómo respondieron a esos reveces, cómo administraron la situación en diferentes maneras para sobreponerse; cómo estas experiencias difíciles al principio los incapacitaron, inmediatamente los hundieron, pero finalmente moldearon decisivamente su liderazgo."[1]

Los cuarenta años de Moisés como pastor no sólo perfeccionaron su resiliencia, sino que también le permitieron familiarizarse con el terreno del desierto, alcanzando un nivel de autoconciencia que se logra con la soledad y acostumbrándose a suplir necesidades distintas a las suyas. Dios está formando un líder para el desafío de los tiempos.

Mientras Moisés cuida a las ovejas de su suegro, sin duda, considera la gran diferencia en que estos cuarenta años de su vida son diferentes a los cuarenta años anteriores de su vida. Moisés está muy lejos del círculo de la acción. Ha intercambiado la intriga del palacio egipcio por la soledad del profundo desierto. Ha pasado del centro de la cultura mundial al centro de uno de los lugares olvidados del mundo.

El trabajo que Moisés hacía era muy rutinario, especialmente si se hace por cuatro décadas. Él debía asegurarse que las ovejas fueran alimentadas y llevadas a los abrevaderos, atendiendo sus necesidades y cuidando sus lesiones y arañazos. Tal vez de vez en cuando se presentaba un lobo y la vida se ponía interesante por un tiempo, pero la mayoría de las veces la responsabilidad era aburrida. Las ovejas son criaturas tercas y de alto mantenimiento. Se pierden. Necesitan protección. Deben tener comida y agua. Cuidar ovejas puede ser una responsabilidad deprimente; Moisés está sumido en lo común y corriente.

Con el amanecer posándose sobre sus ojos, y el balido de ovejas llenando sus oídos, Moisés no tiene idea de lo que le va a suceder. Simplemente se está ocupando de sus propios asuntos (o tal vez con más precisión, de los asuntos de Jetro). De repente, y sin que Moisés lo esperase, Dios lo llama de lo que está haciendo y cambia el sendero de su vida a una nueva dirección.

Dios inicia el contacto. Moisés no está buscando a Dios, Dios está buscando a Moisés, y Dios encuentra a Moisés en el otro extremo del desierto. Ahora, Dios debe captar la atención de Moisés, y elige hacerlo a través de una zarza que arde sin consumirse.

*Lección de liderazgo:* **es más difícil que Dios capte nuestra atención que nosotros captemos la atención de Dios.**

Un problema con las temporadas rutinarias es que las expectativas bajan y la anticipación disminuye. No esperamos que suceda nada significativo. ¿Por cuántos arbustos ardientes debemos pasar antes de notar uno? Hay algunos lugares que son más fáciles para que Dios pueda llamar nuestra atención. Los viajes misioneros, campamentos de la iglesia y los retiros juveniles nos alejan de nuestras rutinas y hacen que sea más fácil estar al tanto de la presencia de Dios. Puede ser difícil ser sensible a los compromisos divinos en medio de lo ordinario y lo rutinario, pero si notamos zarzas ardientes, éstas pueden marcar la diferencia en nuestra vida.

La zarza común comienza a resplandecer con el fuego, éste se convierte en un signo frecuente de la presencia de Dios durante el éxodo.[2] El arbusto arde, pero no se consume. El fuego aumenta, pero no destruye el arbusto. La fuente de combustible, de energía, no se agota. Basta con intrigar a Moisés, captar su atención, incitarlo a investigar y acercarlo más.

*Lección de liderazgo:* **Dios es capaz de encender fuegos que no se apaguen.**

Tal vez debas recordar que Dios puede encender fuegos que permanecen encendidos. Esta es una zarza en llamas que no se quema ni se consume. Tu llamado, tu experiencia, tu pasión no tienen que "quemarse." El fuego matrimonial puede permanecer encendido. El fuego del ministerio puede seguir ardiendo intensamente. La pasión vocacional puede permanecer ardiente. La zarza ardiente les recuerda a los líderes que los recursos de Dios son ilimitados.

La voz de Dios rompe la quietud del desierto con palabras que atraen aún más a Moisés: "Moisés, Moisés." Dios llama a Moisés por su nombre dos veces, lo que sugiere urgencia. Y Moisés responde: "¡Aquí estoy!" (Éxodo 3:4).

Dios le da a Moisés dos órdenes: No te acerques más y quítate las sandalias. Ambos mandamientos se relacionan con el hecho de que Moisés se encontraba en tierra santa. Lo que comienza como una curiosidad en Éxodo 3:3 se convierte en una causa de reverencia. Como un escritor lo dijo: "Moisés está recibiendo un curso de choque en la etiqueta sagrada."³ La santa presencia de Dios exige una distancia respetuosa. "No te acerques más" es una restricción al acercamiento a la divinidad que ocurrirá una y otra vez durante el Éxodo.

Moisés debe quitarse los zapatos antes de acercarse más a Dios. Este signo antiguo del Cercano Oriente de quitarse las sandalias es un signo de reverencia, humildad y sumisión. A Josué se le manda hacer lo mismo en Josué 5:15. Uno no entra a la presencia de Dios casualmente, sin reverencia.

Moisés se quita los zapatos reconociendo que está en tierra santa. Pero tal vez Dios también pide a Moisés que se quite los zapatos para que Moisés esté lo más cerca posible de la santidad. Así Dios a apartado el terreno para su uso llamándolo "santo," también está apartando a Moisés para usarlo. Tal vez Dios está diciendo: "Moisés, no quiero que nada te separe de experimentar la santidad. Quítate los zapatos."

---

*Lección de liderazgo:* **Dios llama a los líderes a respetar y a experimentar lo santo.**

Cuatro veces en el libro de Levítico encontramos las palabras: "Sed santos, porque soy santo" (véase Levítico 11:44, 45; 19:2; 20:26). Pedro cita la misma expresión en 1 Pedro 1:16. La santidad de Dios es su cualidad o característica definida. El concepto de santidad generalmente tiene que ver con la rectitud, la bondad y la pureza. También implica la gloria y la majestad de Dios. Otro aspecto de la santidad es la idea de "estar apartado o separado." La tierra santa es un terreno especial. Ha sido "apartada", diferente del terreno circundante. Cuando lo santo se utiliza para describir a los seres humanos, también significa "apartado," separado del pecado y para el propósito especial de Dios.

Un componente clave del llamado de Moisés es la preocupación de Dios por su pueblo. Éxodo 3:7-10 revela varias maneras en que Dios se identifica y se conecta con la necesidad humana. Primero, Dios ve y oye las necesidades humanas: "Ciertamente he visto la opresión que sufre mi pueblo en Egipto. He oído sus gritos de angustia a causa de la crueldad de sus capataces. Estoy al tanto de sus sufrimientos" (Éxodo 3:7, NTV).

¿Qué sufrimiento y angustia ve y oye Dios? Dios ve a un pueblo desplazado por la hambruna, y luego oprimido por un faraón. Dios oye sus gemidos mientras sudan cerca de los hornos haciendo ladrillos. Dios ve los latigazos de los opresores sobre sus espaldas, y los cuerpos sin vida de los bebés flotando en el Nilo. Dios tiene ojos que ven y oídos que escuchan las necesidades de las personas.

*Lección de liderazgo:* **Dios llama a los líderes para que vean lo que Él ve y oigan lo que Él oye.**

Hoy, Dios ve la miseria de las niñas y las mujeres jóvenes esclavizadas por el comercio sexual. Dios ve la miseria de los padres solteros atrapados en la pobreza. Dios ve la miseria de los oprimidos por las drogas, el alcohol y la pornografía. Dios ve la miseria de los indigentes, los indefensos y los desesperanzados.

Dios escucha los gritos de aquellos que han sufrido abortos y se dan cuenta de lo que han hecho. Dios escucha los gritos de los esclavizados por el pecado. Dios escucha los gritos de los niños que han perdido la seguridad de un hogar de dos padres. Dios escucha los gritos de los líderes cristianos que anhelan ver un movimiento del Espíritu en sus congregaciones. En todas estas cosas, Dios permite que los líderes vean lo que Él ve y escuchen lo que Él oye.

---

Segundo, porque Dios ve y oye, Él está preocupado y actúa: estoy preocupado por su sufrimiento. "Por eso he descendido para rescatarlos del poder de los egipcios (Éxodo 3:8, NTV). Dios se preocupa tanto por el sufrimiento de la gente que hace algo al respecto. No sólo se preocupa por la gente, actúa en su nombre. Muy consciente de la situación, se prepara para intervenir, diciendo: "Yo veo. Yo oigo. Me importa. Y he bajado a rescatarlos y levantarlos." ¡Este es el Dios que se acerca para levantar a la gente!

---

*Lección de liderazgo:* **el llamado al liderazgo es una invitación a "acercarse" para que otros puedan ser levantados.**

La tentación de los líderes es hacer todo lo contrario. Preferimos que nos levanten alto antes que acercarnos y bajar. Preferimos ser servidos antes que servir. Sin embargo, Dios invita a los líderes a acercarse para que otros puedan ser levantados.

Dios permite que los líderes a los que Él llama actúen como Él actúa. No es la última vez que Dios baja a rescatar a la gente. La operación de rescate más impresionante de Dios se ve en la encarnación de Jesucristo. Jesús viene a la tierra para rescatarnos del pecado y llevarnos a la salvación. En Filipenses 2:5-7, Pablo proclama esta verdad de una manera fascinante. "Tengan unos con otros [en sus relaciones] la manera de pensar propia de quien está unido a Cristo Jesús, el cual: aunque existía con el mismo ser de Dios, no se aferró a su igualdad con él, sino que renunció a lo que era suyo y tomó naturaleza de siervo. Haciéndose como todos los hombres y presentándose como un hombre cualquiera, se humilló a sí mismo, haciéndose obediente hasta la muerte, hasta la muerte en la cruz" (Filipenses 2:5-8, DHH).

Dios ha modelado para nosotros lo que significa "bajar" para elevar a la gente y llevarla a la liberación.

---

Dios no sólo es consciente de la condición humana; también está dispuesto a hacer algo al respecto. A Dios le importan tanto los hebreos que estaban sufriendo que toma acción, al llamar a su siervo Moisés.

---

*Lección de liderazgo:* **el llamado al liderazgo no tiene que ver tanto con las habilidades de un líder sino con las necesidades de las personas a las que esta llamado a liderar. La "razón" del llamado es más importante que el "cómo" del llamado.**

El llamado de Moisés se origina en la preocupación de Dios por su pueblo. El "cómo" del llamado de Moisés está en Éxodo 3:1-6. La historia de Moisés y la zarza ardiente es la historia por excelencia del "llamado al liderazgo." Algunos líderes tienen una historia similar a la de zarzas en llamas: memorable y sorprendente. El llamado de líderes es más como una "zarza humeante." No es en un solo momento en que se selló el llamado, sino en una consciencia creciente de que Dios está abriendo una puerta por la que quiere que caminemos.

La "razón" del llamado de Moisés está en Éxodo 3:7-10. Allí aprendemos del Dios que nos llama, y por qué nos llama. ¡Su llamado al liderazgo es la respuesta de Dios a la necesidad de alguien!

Hay dos clases de líderes: los líderes que nunca superan el "cómo" de su llamado, la zarza ardiente, y los líderes que nunca superan la "razón" de su llamado, la necesidad ardiente.

¿Por qué Dios llama a las mujeres y a los hombres al liderazgo? Porque ya ha visto suficiente. Porque ya ha oído suficiente. Y porque se preocupa lo suficiente como para hacer algo sobre la necesidad humana. Lo que ha decidido hacer es llamar a los líderes a asociarse con Él para liberar a la humanidad de la opresión y la angustia.

Lo que más importa no es cómo Moisés fue llamado. Lo más importante es la "razón" por la que Moisés fue llamado. Moisés es la respuesta de Dios al clamor de los hebreos. Del mismo modo, lo que más importa no es cómo lo llamaron a usted. Usted es la respuesta de Dios al dolor y la opresión de alguien. Dios nos llama no porque tenemos grandes dones y habilidades, sino porque el mundo tiene grandes necesidades.

Dios trabaja a través de agentes humanos para abordar la esclavitud, la explotación, la injusticia y otras actividades inhumanas. Como dice Pokrifka: "La misión de la iglesia... es defender la causa de los impotentes, hablar por los sin voz y enfrentarse a los opresores, insistiendo en la demanda de Dios por la libertad de los oprimidos."[4]

---

Dios tiene una misión para Moisés. Dios dice: "Moisés, te estoy enviando. Empaca tus maletas. Estás empezando un viaje que sacudirá tu mundo." Moisés está a punto de embarcarse en la aventura de su vida, llena de drama y desafíos, frustraciones y milagros.

## Preguntas para el desarrollo del liderazgo

1. ¿Ha experimentado usted un llamado al liderazgo? ¿Qué es lo que más le resuena a usted: el "cómo" o la "razón" del llamado?

2. ¿Cómo se pueden proteger los líderes del agotamiento? ¿Cuál podría ser la necesidad humana a la que Dios lo está llamando a usted?

— OCHO —

# LA ZARZA ARDIENTE, PARTE 2: LA VOZ DEL LIDERAZGO

Los tartamudos reciben la carga de comunicar la voz del cielo a la tierra.

Gerhard Von Rad[1]

En la zarza ardiente Moisés recibe su doble misión: llevar la palabra de Dios a Faraón y llevar el pueblo de Dios a la Tierra Prometida.

---

*Lección de liderazgo:* la misión de todo líder llamado por Dios es llevar al pueblo de Dios de donde está hasta donde Dios quiere que esté.

---

Dios le da a Moisés una misión simple: "llevar a mi pueblo desde donde está, Egipto, hasta donde los he llamado a estar, la tierra prometida." Simple. Pero no es fácil. Para nosotros significa llevar al pueblo de Dios de donde están —en actitud, espiritual y emocionalmente, y en algunos casos de donde están física y culturalmente— a donde Dios los está llamando a estar. Simple. Pero no es fácil. ¿A dónde lo está llamando Dios para que lleve a la gente?

En respuesta al llamado de Dios, Moisés comienza a discutir con el Señor, dando excusas de por qué no debe volver a Egipto.

Moisés comprende el gran riesgo asociado de obedecer el llamado de Dios, y responde haciendo preguntas, dando excusas y planteando objeciones. Hace cuatro preguntas, las dos primeras de las cuales son preguntas de identidad, seguidas de una pregunta relacionada con credibilidad, y una pregunta relacionada con la capacidad. Después Moisés ofrece una objeción final.

## La pregunta de la identidad de un líder: ¿quién soy yo?

Primero, Moisés duda de sí mismo, preguntando: "¿Quién soy yo?" (Éxodo 3:11). Moisés pregunta cómo su identidad lo califica para la tarea a la que Dios lo ha llamado. La pregunta retórica de Moisés "muestra que es indigno, no está preparado, es inepto, y tal vez su miedo."[2]

---

*Lección de liderazgo:* la autoconciencia es muy importante en el liderazgo.

Goodwin dice: "La autoconciencia para analizar sobriamente tus propias fortalezas y compensar tus debilidades es un atributo crítico del liderazgo".[3] Los líderes tienden a estar demasiado confiados o con poca confianza, y Moisés tiene poca confianza. Una evaluación precisa de sus dones y habilidades, así como de su personalidad y fortalezas, es importante para la eficacia del liderazgo.

---

Las palabras de Moisés: "¿Quién soy yo, para que yo vaya a Faraón?" reflejan más que humildad. Sus palabras son a la vez una cuestión de autoconciencia y una declaración de ineptitud. La pregunta refleja un auto desprecio inconsistente con alguien que ha sido nombrado por Dios. Moisés está expresando sentimientos de insuficiencia, vacilación y renuencia.

En respuesta, Dios le asegura a Moisés su presencia. La respuesta de Dios a la primera pregunta de Moisés, a primera vista, no parece apropiada. Al hacer una reflexión más profunda, es evidente que Dios está aclarando que el asunto no es que una persona tenga las capacidades. Los humanos son inadecuados, pero Dios es adecuado y está presente. Y ese es el punto que Dios está tratando de comunicarle a Moisés.

Moisés contendía: "¿Por qué me envías? No puedo hacer esto." Es esta la sensación de ineptitud que Dios aborda. Dios parece estar respondiendo: "No importa quién seas. Por supuesto, eres inadecuado. Yo soy el que es adecuado, y estoy contigo." La insuficiencia de Moisés es contrarrestada por la presencia divina.

*Lección de liderazgo:* **la mejor respuesta a los sentimientos de insuficiencia humana es la seguridad de la presencia divina.**

Dios nos promete su presencia. Es digno de mención que Dios contrarresta la pregunta de la identidad de Moisés asegurándole su presencia. Este es un tema recurrente a lo largo de la historia del Éxodo. Moisés hará casi cualquier cosa mientras sepa que Dios está con él. Al principio, Dios le da la seguridad: "Ciertamente estaré con vosotros" (Éxodo 3:12, NASB). Dios promete su presencia. En tiempo presente "no sólo en algún momento y en algún lugar, sino en cada hora y en cada lugar."[4]

Esta promesa resuena tanto a través del Antiguo como del Nuevo Testamento. Las palabras "nunca te dejaré; nunca os abandonaré" (Deuteronomio 31:6, Hebreos 13:5) siguen inspirando a líderes que son conscientes de sus propias insuficiencias para el liderazgo.

Dios responde a la primera pregunta de Moisés diciendo: "No importa quién seas. Lo único que importa es quién soy yo, y quién he prometido ser para ti." Entonces Moisés pregunta: "Bueno, ¿quién eres?"

## La pregunta de la identidad de Dios: ¿cuál es tu nombre?

La segunda pregunta de Moisés a Dios es: "¿Cuál es tu nombre?" Moisés está buscando aclaraciones sobre la identidad de Dios. Ni siquiera sabe el nombre de Dios. ¿Cómo se puede esperar que dirija al pueblo de Dios si no conoce el nombre de Dios?

Moisés asume que los israelitas le preguntarán quién es este Dios que los está llamando para que salgan de Egipto. La credibilidad de Moisés con los hebreos se verá gravemente afectada si ni siquiera puede decirles el nombre del Dios quien se le está revelando.

Moisés pide que se le permita saber el nombre de Dios. Su deseo de conocer el nombre de Dios es, en el fondo, un deseo de saber algo de la naturaleza y del ser de Dios. La única manera en que la gente realmente puede adorar a Dios es si se revela a ellos y les dice su nombre. Después de todo, es difícil adorar a un Dios desconocido. Dios proclama su nombre como Jehová: "Yo soy lo que soy" (Éxodo 3:14). El nombre que Dios le da a Moisés se llama el tetragramatón, o "cuatro letras", porque en el texto hebreo es el nombre de cuatro letras para Dios. Originalmente, el hebreo escrito no tenía vocales, sólo consonantes, por lo que habría aparecido como YHWH en el texto hebreo original. Los judíos consideraban el nombre tan santo que era blasfemo pronunciarlo. En su lugar, lo sustituyen por Adonai, que simplemente significa "Señor." YHWH ha sido traducido como Jehová o Yahweh (Yavé).

Dios revela su nombre como YHWH: "Yo seré lo que seré," "Estaré presente" o "Voy a tener lugar."[5] Las cuatro consonantes provienen del verbo ser. Es un Dios de actividad o acción. Allí, en Horeb, frente a un arbusto que arde pero que no se consume, Dios le dice a Moisés su nombre propio. Con tal conocimiento, Moisés debe salir.

---

*Lección de liderazgo:* dos preguntas de suma importancia para un líder son las de la autoconciencia y la de la conciencia de Dios.

Y de las dos preguntas, la de la conciencia de Dios es la más importante. Conocer el nombre de Dios es importante, pero conocer a Dios mismo es de mayor importancia. La tendencia de las personas, incluso aquellas que son genuinamente religiosas, es tener a Dios bajo su propio control.[6] El conocimiento que el líder tiene de Dios no debe usarse con fines manipuladores. Los líderes deben evitar la tentación de utilizar su conocimiento de Dios para promover sus propios propósitos.

---

## La pregunta de la credibilidad de un líder: ¿qué pasaría si no me siguen?

La tercera pregunta de Moisés revela su temor de que los hebreos no le crean. Primero, Moisés duda de sí mismo. Moisés duda que confíen en él: "¿Y si no me creen o me escuchan y me dicen: 'El Señor no se te apareció'?" (Éxodo 4:1). Moisés está preocupado no sólo por su falta de calificaciones, sino también por su falta de credibilidad: "No creo que pueda hacer esto y otros tampoco lo creerán." Está preocupado por sus credenciales y que sea rechazado por los ancianos judíos. Vale la pena señalar que Moisés no está preocupado por si él faraón reconocerá su autoridad, sino si Israel la reconocerá.

*Lección de liderazgo:* **como líder, es legítimo que usted desee la aceptación del grupo al que está siendo llamado.**

La preocupación de Moisés sobre si los israelitas aceptan su liderazgo es válida. Casi toda vocación tiene un proceso de evaluación del grupo para calificar la eficacia y la legitimidad. Enns dice: "Todas las situaciones deben confirmar el llamado de Dios a nuestra vida. Por ejemplo, si alguien tiene el llamado a ser pastor, no sólo tomamos la palabra de esa persona al respecto. Cada denominación que conozco tiene algún proceso, ya sea formal (seminario, exámenes de ordenación) o menos formal (una percepción de la madurez espiritual del candidato y habilidad para dirigir a las personas), es decir, todo eso es examinado. Omitir dicho proceso puede tener efectos desastrosos."[7]

Dios le da a Moisés tres señales —tres milagros para realizar en Egipto— para convencer a los ancianos judíos de que él es verdaderamente el siervo escogido de Dios. La primera señal, como se dice en Éxodo 4:2-5, implica algo que Moisés se encuentra sosteniendo en su mano cuando Dios le habla por primera vez.

Dios pregunta: "¿Qué es eso en tu mano?"

"Un bastón", responde Moisés.

Dios le ordena: "Tíralo al suelo."

Moisés obedece, y el bastón de madera se convierte instantáneamente en una serpiente.

¿Por qué una serpiente? Tal vez porque la serpiente representa un signo de autoridad real egipcia.

Moisés corre huyendo de la serpiente.

Dios le ordena: "Estira la mano y agarra la serpiente por la cola."

Moisés obedece, y la serpiente se convierte en bastón. Mientras Faraón cede constantemente al miedo[8] a lo largo de la historia,

Moisés tiene la oportunidad de vencer su miedo, comenzando con este acto de recoger una serpiente que está retorciéndose.

### Pregunta de liderazgo: ¿qué tienes en tu mano?

Cuando los líderes son llamados a dirigir, ya poseen dones y capacidades que Dios puede utilizar. "¿Qué tienes en tu mano?" es una pregunta poderosa. Dios ya puede haberlo equipado con todo lo necesario para cumplir el llamamiento de Él para su vida. ¿Qué podría ser Dios capaz de lograr a través de su poder con los recursos que ya tienes en la mano? ¿Qué es lo que usted ya tiene que Dios quiere usar o transformar? El bastón de un pastor parece insignificante al lado de la espada, el mazo o el cetro que alguna vez pudo haber sostenido Moisés. Pero lo que Moisés tiene ahora en su mano será suficiente. Dios reutilizará el bastón de Moisés, logrando situaciones asombrosas con él. Dios puede usar lo mundano, ordinario, común e insignificante para lograr sus grandes propósitos. Cualquier don que tengamos, cuando lo entregamos a Dios, Él lo utiliza poderosamente. De la misma manera, el bastón de Moisés es sólo una herramienta de madera que se convierte en un poderoso instrumento del poder de Dios.

Éxodo 4:8-6 presenta la segunda señal que Dios le da a Moisés para probarse ante los líderes. Dios le pide a Moisés que coloque su mano dentro de su capa. Cuando la saca la mano está blanca de lepra. Cuando Moisés vuelve a poner su mano dentro de su capa, la mano se sana. Enns dice que la importancia de esta señal "pareciera ser el tener autoridad sobre la enfermedad y el malestar, anticipando así la aflicción del dolor de algunas de las plagas."[9]

Éxodo 4:9 describe la tercera señal de transformar el agua a sangre. Como la primera señal, al convertir el agua en sangre se repite nuevamente ante los egipcios. Es un adelanto de la primera plaga.[10] Debido a que la fuerza vital de Egipto es el Nilo, esta señal significa el poder de Dios sobre los elementos. Esta señal también condenará a los egipcios por su delito de infanticidio en el Nilo.

## La pregunta de la habilidad de un líder: ¿qué sucede si mis dones no son suficientes?

La objeción final de Moisés presenta la pregunta de la capacidad. Tal vez Moisés sigue resistiéndose al llamado de Dios, como algunos eruditos sugieren, porque "asume que está desempeñando el papel central en la liberación de los israelitas . . . Lo que Moisés aún no entiende es que Dios se preocupa más que él por la liberación de Israel, y Dios es plenamente capaz de suplir los medios para lograrlo. Es Dios quien sacará a su pueblo de Egipto. Mostrará su poder precisamente trabajando a través de medios débiles y ordinarios. Moisés aún no ha aprendido que la salvación es del Señor."[11]

Está la última súplica de Moisés: "Perdona a tu siervo, Señor. Nunca he sido elocuente, ni en el pasado ni desde que hablaste con tu sirviente. Soy lento en el habla y la lengua" (Éxodo 4:10). La última excusa de Moisés es su falta de habilidad en la arena de hablar en público.

Parece haber dos teorías principales sobre la falta de elocuencia de Moisés. La primera es que durante sus muchos años en Madián perdió el dominio de la lengua egipcia. Tal vez ya no se sentía equipado para impresionar a Faraón con su sofisticado discurso.[12] La segunda teoría es que tiene dificultad para pronunciar diferentes palabras debido a un tartamudeo o a un zumbido. De cualquier manera, no siente que es tan elocuente como debiera ser si quiere actuar como portavoz de Dios. Moisés cree que no es adecuado.

*Lección de liderazgo:* **es tan fácil para los líderes enfocarse en lo que les falta en lugar de en lo que poseen.**

Los líderes espirituales tenemos el privilegio de ayudar a las mujeres y a los hombres a descubrir que nuestra credibilidad no está vinculada principalmente a lo que podemos hacer, sino a lo que Dios elige hacer en nosotros y a través de nosotros. Cuando nos centramos en nosotros mismos y no en Dios, es fácil volvernos tímidos y sentirnos incapaces. Nuestra audacia no debe basarse en nuestras propias capacidades, talentos o habilidades. Nuestra confianza no debe basarse en nosotros mismos, ni siquiera principalmente en nuestro mensaje, sino en aquel que nos ha llamado y nos ha dado el mensaje. Tanto la timidez como el orgullo se deben a un enfoque en nosotros mismos.

Cada una de las excusas de Moisés se centra en una "carencia": carencia de confianza, de conocimiento, de credibilidad o de elocuencia. Es fácil para los líderes centrarse en lo que les falta en lugar de en lo que poseen. Lo que a Moisés le falta es confianza. Lo que Moisés posee es la presencia de Dios y la promesa de Dios.

En una época en la que tendemos a centrarnos en las fortalezas del liderazgo, tal vez un reconocimiento de que Dios elige, más a menudo, trabajar a través de la debilidad proporciona un equilibrio necesario. Pareciera que Dios elige a Moisés no a pesar de su limitación, sino debido a ella. Dios ve la limitación de Moisés como una oportunidad para que Él muestre su falta de limitación. A menudo Dios escoge trabajar a través de la debilidad y no a través de las fortalezas. Esto es lo que Pablo afirma en 2 Corintios 12:10, "Porque cuando soy débil, entonces soy fuerte." Dios usa las discapacidades humanas y las debilidades para su gloria.

Dios es mayor que nuestras insuficiencias, falta de experiencia y falta de talento. La salvación está en las manos de Dios, y Él obrará a través de quien Él elija. La salvación proviene del Señor, no de un líder.

LA ZARZA ARDIENTE, PARTE 2

## La afirmación de la voz de un líder

En Éxodo 4, leemos que Dios debe recordarle a Moisés que Él es quien lo ha creado. "¿Quién dio la boca a los seres humanos? ¿Quién los hace sordos o mudos? ¿Quién los hace ciegos? ¿No soy yo, el Señor?" (v. 11). Por supuesto, Dios puede fácilmente superar cualquier falta en su creación, incluyendo la falta de elocuencia de Moisés. Pero en lugar de curar a Moisés de su problema de tartamudez, Dios afirma la boca de Moisés. Ha elegido usar la voz de Moisés, carente de lo que sea. Lejos de ser una limitación desafortunada: "La boca de Moisés es exactamente lo que Dios ha elegido."[13] Dios está identificando la boca de Moisés como el instrumento que ha elegido para dar a conocer su voluntad y su palabra.

El erudito judío Avivah Zornberg dice que "cuando Dios le da confianza a Moisés ('. . . escucharán tu voz'), no sólo le hace una promesa, pero también le presenta una condición: 'Sólo si hablas con tu voz, escucharán y se unirán a ti para desafiar a Faraón.' Todo el escenario de redención depende de esta condición: deben escuchar la voz de Moisés. Los ancianos israelitas escuchan las palabras de Dios, pero en la voz equivocada no se animan a acompañar a Moisés al palacio. Entonces, Moisés y Aarón van solos. . ."[14]

Moisés sigue insistiendo en su debilidad. Está feliz de permitir que Aarón hable por él y por Dios. Pero lo que Dios ha elegido usar es la voz de Moisés. Moisés quiere que Dios use la voz de Aarón. Pero la voz de Aarón no va a captar la atención de los ancianos de Israel y tampoco servirá con el Faraón. Las palabras que Aarón diga tendrán la voz de Aarón. Zornberg dice: "Todo el escenario de redención depende de esta condición única: deben escuchar la voz de Moisés. Si Moisés se niega a hablar, Dios le delega a Aarón transmitir las palabras de Dios. Los líderes israelitas escuchan las palabras de Dios, pero con la voz equivocada. El resultado es que el escenario de la redención se pone en peligro. Los líderes judíos se niegan a acompañar a Moisés al palacio; Moisés y Aarón van solos."[15]

Dios quiere la voz de Moisés. La voz de Moisés transmitirá el tono y el ritmo de la redención que Dios desea que escuchen. En la ineptitud de Moisés, Dios necesita su voz. El pueblo de Israel necesita escuchar la voz de Moisés. Faraón necesita oír la voz de Moisés.

---

*Lección de liderazgo:* **como líder, debes usar tu propia voz, no la de otra persona. No copie sermones, ni imite a otros líderes o predicadores, sino que presente en sus propias palabras lo que Dios le pide que proclame.**

La voz de un líder es tan importante como las palabras de un líder. La voz de Moisés era clave, aunque él fuera inepto. El pueblo de Israel necesita oír su voz. Hay lecciones significativas para aquellos que supervisan la iglesia cuando asignamos líderes. Debemos preguntar: "¿Quién necesita escuchar la voz de este líder?" También tenemos el privilegio de usar nuestras propias voces para ayudar a los llamados por Dios a que encuentren sus voces. Es poderoso cuando las palabras están unidas a la voz.

---

## Objeción final: "hay alguien mejor para el trabajo"

Como se mencionó anteriormente, la objeción final de Moisés es que no está tan calificado como los demás, por lo que debe elegirse a otros para esta misión. Moisés expresa su objeción muy educadamente. No dice: "No quiero hacerlo". Él sugiere: "Señor, por favor envía a alguien más para que lo haga" (Éxodo 4:13). Moisés sabe que es necesario hacerlo. Pero Moisés no quiere ir, no importa qué señales Dios le dé.

*Lección de liderazgo: siempre habrá alguien más calificado que tú.*

¿Puede alguien más hacerlo mejor? Probablemente. Esa no es razón para resistir lo que Dios te ha llamado a hacer. Moisés sugiere: "¡Aarón tiene una mejor voz! ¡Úsalo a él!" La pregunta no debería ser: "¿Tiene alguien una voz mejor?" La pregunta debería ser: "¿Quién necesita oír tu voz?"

Dios no se enoja con Moisés hasta el quinto desafío. Dios es paciente hasta ese punto. E incluso en su ira, Dios es amable. Aarón es la forma cómo Dios cede a la intransigencia de Moisés. Dios cede a la terquedad de Moisés. Así como Moisés será el portavoz de Dios, Aarón será el portavoz de Moisés. Moisés y Aarón se convertirán en un equipo, pero no es una asociación igualitaria. "Moisés sigue siendo el instrumento elegido por Dios. Aarón es sólo una concesión. Con el tiempo, Moisés encontrará su voz. Y para cuando vemos la acción en Deuteronomio, ¡vaya voz en la que se convirtió!

La conversación entre Moisés y Dios termina un poco abruptamente en Éxodo 4:17: "No olvides tu bastón, Moisés." Parece un final extraño para un encuentro intenso y dramático. Tal vez Dios quiera recordarle a Moisés que mientras está a punto de dejar atrás para siempre el mundo del pastoreo, los mismos rasgos que lo hicieron efectivo como líder de ovejas le servirán bien como líder de las personas. El bastón de Moisés tendrá un papel prominente en las narrativas de la plaga. Dios utilizará la sencilla herramienta de una ocupación humilde para llevar a cabo la redención y liberación de su pueblo.

Dios ya le ha dado a Moisés lo que necesita para cumplir su misión: su voz, su bastón y la seguridad de que Dios estaría con él. "No olvides tu bastón, Moisés."

## Preguntas para el desarrollo del liderazgo

1. ¿A dónde te llama Dios a llevar a la gente a la que sirves?

2. ¿Cómo desarrolla un líder la autoconciencia?

3. ¿Cómo cultiva un líder una conciencia de la presencia de Dios?

4. ¿Qué tienes en la mano? ¿Cómo te ha equipado Dios?

— NUEVE —

# FARAÓN, PARTE 2: LIDERAZGO DESCORAZONADO

*Bienaventurado el hombre que siempre teme a Dios; mas el que endurece su corazón caerá en el mal.*

Proverbios 28:14

*Cuando oigan hoy su voz no endurezcan el corazón*

Hebreos 4:7b

Cuando Moisés llega a Egipto, se reúne con los ancianos de la comunidad hebrea. El pueblo cree en Moisés y en su informe y cuando escucha que Dios está preocupado por ellos, responden con adoración.[1]

Dios le ordena a Moisés que vaya al Faraón y le pida permiso para ir por tres días al desierto para ofrecer sacrificios al Señor. Dios también le dice que realice ante Faraón todas las maravillas que le había dado el poder de hacer.[2] El Señor le dice a Moisés que Faraón tendrá que ser obligado, y que Dios mismo proporcionará la "mano poderosa" que convencerá a Faraón para ceder.

Es increíble que Moisés incluso pueda conseguir audiencia con Faraón. Tal vez recuerda bien el protocolo de palacio para saber cómo organizar una reunión de este tipo. A Moisés se le concede una cita con el líder egipcio y hace una petición audaz: que le permita a los esclavos hebreos celebrar una fiesta en el desierto. La primera petición que Moisés hace no es bien recibida. Faraón hace dos preguntas: "¿Por qué debo obedecer al Señor?"[3] y "¿Por qué debería detenerse el trabajo?"[4] La mano de obra que los israelitas proveen es un gran beneficio económico para Egipto, y Faraón no está a punto de renunciar al beneficio. Por lo tanto, en lugar de dar a los israelitas un descanso de su trabajo, Faraón lo hace aún más difícil. Su objetivo es intensificar las dificultades de los israelitas haciendo insoportable su trabajo. Exige que mantengan su cuota diaria de producción de ladrillos, pero ya no proporcionará paja para hacer los ladrillos. Tienen que encontrar la paja por su cuenta, manteniendo la producción diaria.

La primera aparición de Moisés ante Faraón termina en desastre. Faraón no sólo se niega a dejar ir a la gente, sino que responde haciendo sus vidas aún más difíciles, y culpando a Moisés y Aarón por ello. Faraón considera la petición de un permiso como evidencia de la pereza de los israelitas. En lugar de aceptar la petición de Moisés de que los hebreos celebren una fiesta al Señor en el desierto, Faraón a cambio decide duplicar la opresión de los hebreos.

Aunque Moisés y Aarón son inicialmente bien recibidos por los israelitas, su bienvenida se agria después de un devastador primer encuentro con Faraón. En lugar de conceder la libertad, Faraón sólo intensifica su crueldad. Como resultado, los israelitas se recienten con Moisés y Aarón.

*Lección de liderazgo:* **en el liderazgo, a veces las cosas empeoran antes de que mejoren.**

El único logro de Moisés y Aarón en su primer encuentro con Faraón es hacer aún más difícil la vida de sus compañeros israelitas.

Lejos de rescatar a su pueblo, Moisés sólo ha hecho que una mala situación empeore todavía más.

Si bien la misión de Moisés finalmente se cumple, no se realizará de inmediato. Vemos un desarrollo similar en la historia de José.[5] José es vendido como esclavo por sus hermanos, lo cual es bastante malo. Pero luego es falsamente acusado y encarcelado. Una mala situación empeoró aún más.

A menudo hay contratiempos, desafíos y desalientos para lograr la misión que Dios nos ha dado. Discernir cuándo perseverar y cuándo cambiar de táctica es clave para el liderazgo. Meyer dice: "Nunca debemos suponer que las dificultades que nos enfrentan indican que no estamos en el camino de Dios y haciendo su obra. De hecho, lo contrario es generalmente el caso."[6]

Los líderes a menudo descubren que los tiempos difíciles empeoran antes de que mejoren. Uno a menudo experimenta el Viernes Santo antes del Domingo de Pascua. Se necesita sabiduría y discernimiento para saber cuándo persistir y cuándo cambiar de dirección. No se rinda demasiado pronto. Dele tiempo a Dios para que actúe. Manténgase en su curso.

---

Los esclavos hebreos son incapaces de mantenerse al día con la demanda de cumplir con su cuota diaria. Cuando su trabajo se vuelve insoportable, los capataces hebreos eluden a Moisés y a Aarón como intermediarios y llevan su queja directamente a Faraón: "¿Por qué nos tratas así? Esto no es justo. ¡Estamos siendo golpeados por algo que no es culpa nuestra, sino que es culpa de tu propia gente!"[7]

Cuando apelan a Faraón por misericordia, se les llama "perezosos" y se les dice que vuelvan al trabajo. Faraón quiere asegurarse de que sepan exactamente a quién culpar por los últimos problemas. Busca volver a los israelitas contra Moisés y Aarón, a quienes Faraón considera como dos agitadores que incitan a la rebelión. Faraón les dice a los capataces israelitas que no son los encargados de las tareas egipcias los culpables de esta carga, sino Moisés y Aarón, quienes siguen diciendo: "Vamos y sacrifiquemos al Señor" (Éxodo 5:17). Como resultado, Moisés y Aarón pierden aún más credibilidad.

La astuta respuesta del Faraón está diseñada para menospreciar la credibilidad de Moisés con su propio pueblo, y tiene éxito. Los supervisores israelitas culpan entonces a Moisés y a Aarón por el lío en el que se encuentran: "¡Que el SEÑOR los juzgue y los castigue por habernos hecho repugnantes a los ojos del faraón y sus funcionarios! ¡Ustedes mismos les pusieron una espada en la mano, les dieron una excusa para que nos maten!" (Éxodo 5:21, NTV).

Moisés ha sido miserablemente ineficaz. No ha mejorado las cosas; las ha empeorado. La respuesta a su oración está llena de frustración. Por primera vez en la Biblia, se le pregunta a Dios "¿Por qué?" Moisés le pregunta dos veces.[8]

---

**Lección de liderazgo:** siempre es más fácil culpar a otra persona que asumir la responsabilidad personal.

Así ha sido así desde el primer pecado. Eva culpó a la serpiente. Adán culpó a Eva. Entonces Adán culpó a Dios. Veremos a Aarón con el juego de culpar a otros en el capítulo 22. Siempre vamos en círculo culpando a los demás. Los capataces israelitas culpan a Faraón. Faraón culpa a Moisés y Aarón. Los hebreos culpan a Moisés y a Aarón. Moisés culpa a Dios. Todo el mundo parece estar buscando a alguien más a quien culpar. Colocar la culpa puede aliviar el sentido de la responsabilidad, pero nunca mejora la situación. Los líderes no culpan. Los líderes se hacen responsables.

---

El desánimo y la dura labor que están experimentando los israelitas les dificulta escuchar a Moisés. Los capataces ya no culpan a Faraón por el decreto; ahora culpan a Moisés. El tema de las quejas surge en Éxodo 5:21. Es un tema que se reproducirá a menudo, en varios entornos y por diversas razones, durante los próximos cuarenta años. La oposición a Dios y a su libertador elegido es un estribillo común en todo el éxodo israelita.[9]

Moisés y Aarón han ido una vez a Faraón y han fracasado. No sólo Faraón se ha negado a dejar ir al pueblo, sino que también les ha impuesto mayores cargas. Ahora Dios instruye a Moisés y Aarón a exigir por segunda vez que se le permita salir a los israelitas. Esta vez, Moisés emplea la señal que Dios le mandó demostrar.[10] Aarón arroja su bastón al suelo y se convierte en una serpiente retorciéndose. Es importante tener en cuenta que las serpientes eran una de las criaturas especiales en la religión egipcia. La cobra era un símbolo de la inmortalidad,[11] por lo que el sombrero del faraón se parecía a esta criatura.[12] Pero después de que Aarón convierte su bastón en una serpiente, el signo es duplicado por los magos de la corte de Faraón. Faraón no se inmuta. Faraón es terco, y su terquedad se caracterizará una y otra vez como una "dureza de corazón", la condición en la que una persona rechaza deliberadamente la gentil oferta de Dios de ser parte de su vida.

Faraón no dejará ir a los israelitas porque el corazón de Faraón es inflexible y duro, y sólo se pondrá más difícil. ¿Es difícil porque Faraón lo hace difícil, o porque Dios lo hace difícil? La respuesta es sí en ambos casos. Hay momentos en que la Biblia dice que Faraón endurece su propio corazón. Hay otros momentos en que la Biblia dice que Dios endurece el corazón de Faraón.[13] Esta es la tensión de la historia.

Dios endurece el corazón de Faraón para demostrar su poder. Faraón elige ignorar la voluntad de Dios y por lo tanto endurece su propio corazón. Como lo dijo un escritor: "Dios puede endurecer los corazones simplemente permitiéndonos seguir nuestro propio camino. No tiene que intervenir de una manera especial; nuestros corazones son duros y se vuelven más duros por sí mismos. Si Dios no obra en nuestra vida con gracia suavizante, el resultado inevitable es el endurecimiento. Esto es lo que significa el término teológico reprobación. La reprobación es cuando Dios permite que la gente vaya por su propio camino."[14] En Romanos 9, Pablo cita Éxodo 9:16 y concluye: "Así que, como ven, Dios decide tener misericordia de algunos y también decide endurecer el corazón de otros para que se nieguen a escuchar" (Romanos 9:18, NTV).

¿Qué significa que el corazón de Faraón se endureció? Pokrifka dice: "La expresión 'endurecer el corazón' se puede entender en términos de Yavé entregando a Faraón a su máximo orgullo, arrogancia, desafío e irracionalidad, hasta que Faraón y Egipto cosechen todas las consecuencias del tratamiento diabólico hacia los israelitas durante un siglo."[15] Tal vez Dios simplemente está permitiendo que Faraón siga siendo el líder arrogante e implacable que es, y el resultado natural es un corazón que se vuelve más y más difícil.

---

***Lección de liderazgo:*** *los líderes deben protegerse de no endurecer su corazón.*

La tensión entre la soberanía de Dios y el libre albedrío humano es una tensión con la que luchamos. A veces Faraón endurece su propio corazón. A veces Dios se lo endurece a él. "Endurecer su corazón" significa que incluso cuando ves evidencia clara de la mano de Dios en el trabajo, todavía te niegas a aceptar su Palabra y hacer su voluntad. Significa resistir a Dios negándose a aceptar su Palabra y negándose a hacer su voluntad, exigiendo que en cambio se haga la voluntad propia. La dureza del corazón también puede significar "resistir a [Dios] mostrando ingratitud y desobediencia y no tener ningún temor del

## LIDERAZGO DESCORAZONADO

Señor o de sus juicios."[16] La gracia resistida siempre da como resultado un corazón endurecido. La gracia recibida siempre resulta en un corazón cambiado. Dios tiene el poder de transformar incluso un corazón endurecido. El profeta Ezequiel nos recuerda el poder de Dios para proporcionar un corazón nuevo: "Te quitaré tu corazón de piedra y te daré un corazón de carne" (Ezequiel 36:26).

---

Pokrifka dice que el endurecimiento del corazón de Faraón parece haber tenido lugar en tres etapas.

Al principio de la narrativa de la peste, el texto simplemente describe el corazón de Faraón como endurecido, decidido e inflexible, sin decir quién lo endureció... En medio de las plagas (principalmente desde la segunda y hasta la séptima plaga), se dice que Faraón endurece voluntariamente su propio corazón (8:15, 32 [11, 28 HB] 9:34-35), haciéndolo cada vez más insensible contra las plagas severas. En la última fase (la sexta, octava a décima, el Mar Rojo), se describe cómo Dios endurece el corazón de Faraón... para asegurar su resistencia continua hasta el cumplimiento completo de los propósitos de Dios.[17]

Este es el misterio de la paradójica relación entre la soberanía de Dios y la responsabilidad humana. Faraón fue responsable de sus propias acciones pecaminosas. Faraón se niega obstinadamente a dejar ir a los israelitas. Necesitará catástrofe tras catástrofe para romper el corazón de hierro del Faraón. Esas catástrofes están en el horizonte. Cuando el signo de la serpiente es ignorado, las plagas comienzan.

## Preguntas para el desarrollo del liderazgo

1. En tiempos difíciles, ¿cómo pueden discernir los líderes cuándo persistir y cuándo cambiar de dirección?

2. ¿Cuáles podrían ser los indicadores de que el corazón de un líder se está endureciendo?

3. ¿Cómo puede un líder protegerse para que no se endurezca su corazón?

## — DIEZ —

# LAS PLAGAS Y LA PASCUA: LA PROVISION DE DIOS

*Cristo nuestro Redentor murió en la cruz,*
*Murió por el pecador, pagó todas sus deudas...*
*Cuando veo la sangre,*
*Cuando veo la sangre,*
*Pasaré, pasaré por encima de ti.*

John G. Foote[1]

Éxodo presenta sólo unas pocas líneas para contar la historia de la primera etapa de la vida Moisés, sin embargo, casi cinco capítulos (Éxodo 7:14 - 11:10) se concentran en las diez plagas. La palabra peste significa "un golpe" o "un derrame cerebral," e indica que la mano del Señor está castigando a los egipcios.

Las plagas tienen cuatro propósitos. Primero, las plagas son el juicio de Dios contra los dioses de Egipto y la evidencia de del poder de Dios sobre ellos. Faraón es un hombre que cree que los dioses egipcios son los más poderosos de la tierra. Las plagas le harán reevaluar esa creencia. Podemos ver las plagas como un ataque a una deidad egipcia. En el antiguo Egipto, había muchos dioses y diosas —alrededor de ochenta— agrupados en torno a tres fuentes principales en la vida egipcia: el Nilo, la tierra y el sol.[2] El propósito de las plagas es contra las tres fuentes y los dioses y diosas de Egipto que se agrupan a su alrededor. Las dos primeras plagas se dirigen contra los dioses y diosas del Nilo y todo lo relacionado con el Nilo. Las siguientes cuatro plagas están dirigidas contra los dioses y diosas de la tierra. Las últimas cuatro plagas se dirigen contra el cielo y todo lo que se asocia con el cielo.

El segundo propósito de las plagas es ablandar el corazón endurecido de Faraón. Al igual que el mango de un mazo aumenta su fuerza, las plagas aumentan de intensidad para romper la resistencia de Faraón. Las plagas están diseñadas para convencerlo de libertar al pueblo de Dios. Sí así a de ser, el corazón del Faraón debe ser ablandado.

El tercer propósito de las plagas es juzgar y castigar a los egipcios por oprimir y asesinar a los israelitas. Todo Egipto se benefició de la esclavitud, y todo Egipto está obligado a sufrir por la terquedad de Faraón.

El cuarto propósito —y último— de las plagas es libertar a Israel. Las plagas terminarán tan pronto como comience el Éxodo.

## La plaga final: la muerte de los primogénitos
### Éxodo 11:1–10; 12:29–32

Con sólo un acto poderoso, Dios hubiera destruido tanto a Faraón como a Egipto,[3] pero Dios escogió darles muchas oportunidades de arrepentirse. Experimentan agua convertida en sangre, ranas, zancudos, moscas, la muerte de su ganado, salpullido, granizo, langostas y oscuridad. Sin embargo, dichas plagas no hicieron que el Faraón se arrepintiera. Por el contrario, él endureció cada vez más su corazón resistiéndose hostílmente.

El Señor habla con Moisés una vez más, indicándole que habría una última plaga que finalmente convencería al Faraón no sólo de dar libertad a los israelitas, sino también de expulsarlos por completo. En preparación, los israelitas le pedirán a sus vecinos artículos de oro y plata. Sorprendentemente, una consecuencia de las plagas es que los egipcios están a favor de los israelitas y Moisés es "altamente estimado" tanto por los funcionarios del faraón como por la población egipcia.

Antes de la plaga final, Moisés hace cinco anuncios:
1. Algo va a suceder a medianoche (Éxodo 11:4)
2. Todos los primogénitos de Egipto morirán (Éxodo 11:5)
3. Esta será una tragedia nacional (Éxodo 11:6)
4. Israel será protegido (Éxodo 11:7)
5. Habrá un éxodo (Éxodo 11:8)[4]

Al principio del conflicto de Moisés con el Faraón, le advirtió que la forma en que trató al primogénito de Dios determinará cómo Dios trataría al primogénito de Egipto.[5] Faraón había decretado la muerte de los bebés varones judíos, por lo que Dios decreta la muerte del primogénito egipcio. "Dado que Israel es el primogénito de Dios, el castigo apropiado contra Egipto por dañar a Israel es que Dios dañe al primogénito de Egipto,"[6] dice Enns.

Moisés entrega con gran pasión la noticia de una plaga final a Faraón, pues "está enfurecido." Moisés le dice a Faraón que casi a la medianoche el Señor recorrerá Egipto y todos los primogénitos morirán. Estas muertes afectarán a los egipcios desde el mayor al menor, incluso el primogénito del ganado morirá.

Cuando el ángel de la muerte recorre la tierra para matar a todos los primogénitos de los egipcios, los hebreos se reúnen en sus casas, protegidos por la sangre de los corderos que fueron sacrificados.[7] A medianoche el Señor mató a todos los primogénitos de Egipto. Todo Egipto despierta al horror y la conmoción de la muerte de sus seres queridos. Faraón y todos los egipcios se despiertan durante la noche por el lamento, porque hay alguien muerto en cada casa en Egipto. El dolor de Egipto es audible y terrible. Pero hay una distinción entre los egipcios y los israelitas. Mientras que Egipto está marcado por lamentos y gritos de pérdida, ni siquiera un perro ladra entre los israelitas. Los terribles gritos y angustias que han marcado la opresión del israelita marcan ahora el dolor y la pérdida de los egipcios.

### *Lección de liderazgo:* Dios tiene el control.

Sólo Dios, el creador y juez del universo, hace que los cielos y la tierra hagan lo que le ordena. "Las plagas son una revelación," dice Enns. "No suceden en privado, sino para que todo el mundo las vea. Nos dicen, en términos concretos, quién es Dios y qué puede hacer."[8] Este es el significado de la historia del Éxodo: Dios tiene el control; ni Moisés, ni Faraón, sólo Dios. La liberación de Israel será la obra de Dios.

## La Pascua

No sabemos qué hicieron los egipcios para prepararse para la noche de la última plaga, pero sabemos exactamente lo que hicieron los hebreos. Los israelitas llevaron a cabo un elaborado ritual que servirá para advertir al ángel de la muerte que se quede lejos de las moradas de los israelitas.

Éxodo 12:1-28 detalla este acontecimiento conocido como la Pascua. El centro de la Pascua es el cordero. Cada familia escoge un cordero primogénito del rebaño que tenga un año, sano y sin defectos. Al atardecer del día de la Pascua, el anciano de cada familia sacrificaría al cordero y al crepúsculo pondría cuidadosamente la sangre en una vasija. Los judíos debían sumergir endebles plantas de hisopo en las vasijas con sangre y aplicar la sangre a los dos postes laterales y dinteles de sus casas.[9] La sangre sería una señal para el destructor de que los ocupantes de esa casa estaban bajo la protección de Dios. Puesto que el cordero murió como sustituto, el primogénito se salvaría. En los hogares hebreos nadie muere porque el cordero fue muerto. El evento se llamó "Pascua" porque Dios pasó de largo de las casas israelitas protegiéndolas de la muerte.

La Pascua marca el nacimiento de la nación de Israel. A partir de este momento, el pueblo hebreo celebraría la Pascua para conmemorar el primer mes del año judío. La comida ritual no sólo tendría lugar la noche de la décima plaga, sino que se convertiría en una observancia sagrada que se repetirá cada año.

Israel nunca olvidaría la experiencia de la Pascua. Cuando sus hijos preguntan el significado de la ceremonia, deben decir: "Es el sacrificio de la Pascua del SEÑOR, porque él pasó de largo las casas de los israelitas en Egipto. Y aunque hirió de muerte a los egipcios, salvó a nuestras familias" (Éxodo 12:27, NTV). La Pascua se convierte en una oportunidad anual para reflexionar sobre los actos de Dios que acontecieron para la existencia Israel. Cuando las nuevas generaciones observan la Pascua, recuerdan y recrean la maravillosa obra de la libertad de Dios.

---

*Lección de liderazgo:* el poder de los rituales y el de los recuerdos son los que permiten que los grupos afirmen su identidad y recuerden los actos creativos de la liberación de Dios.

Hay ciertas conmemoraciones que son importantes para cada organización. Estas ocasiones fortalecen la identidad y conmemoran los momentos especiales de la historia del grupo. Cuando los acontecimientos conmemorativos se relacionan con el llamado Dios para crear un pueblo, reunirlo o para libertarlo, tales celebraciones deben incluir la adoración.

## LAS PLAGAS Y LA PASCUA

Dos ceremonias o sacramentos importantes dados por Dios, el bautismo y la comunión, representan el paso a través del mar.

## Jesús y la Pascua

Los escritores de los Evangelios asocian estrechamente la crucifixión del Señor con la Pascua. Fue en el contexto de la fiesta de Pascua que Dios realizó su mayor acto de libertad al dar a su Hijo como el cordero perfecto e impecable, que libertó al mundo entero. La iglesia primitiva también vio la Pascua como una figura de la muerte de Jesús. Hablaron de Cristo como "nuestro cordero de pascua" (1 Corintios 5:7).

Para los cristianos, Jesucristo es el nuevo Cordero de la Pascua, y la Cena del Señor es la nueva Pascua. Jesús, el "cordero sin mancha ni defecto" (1 Pedro 1:19), fue al Gólgota, alrededor del mediodía, en el momento exacto en que los sacerdotes estaban matando corderos de Pascua en las cortes del templo (entre el mediodía y el atardecer).[10] De esta manera, Jesús es el prototipo del cordero de la Pascua y su sangre provee redención.

¿Recuerdas la pregunta de Isaac a Abraham? Él pregunta: "¿dónde está el cordero para el holocausto?" (Génesis 22:7, RVR, 1960). Esta pregunta, un tema a lo largo del Antiguo Testamento, finalmente la responde Juan el Bautista. Él señala a Jesús y proclama: "¡Miren! ¡El Cordero de Dios, que quita el pecado del mundo!" (Juan 1:29, NTV).

## Preguntas para el desarrollo del liderazgo

1. ¿Cómo evita un líder tener un "corazón endurecido"? ¿Cuáles son los frutos de un corazón blando y obediente?

2. ¿Cuál es la diferencia entre planificación y preparación? ¿Es uno más importante que el otro?

3. ¿Qué rituales y conmemoraciones son importantes en su organización?

— ONCE —
# EL ÉXODO: LA PRIMERA MARCHA HACIA LA LIBERTAD

*Que el fuego y la columna de nube*
*Me guíen a lo largo de todo mi viaje;*
*Libertador fuerte, libertador fuerte,*
*Sigue siendo mi fuerza y escudo,*
*Sigue siendo mi fuerza y escudo.*

William Williams[1]

El Éxodo de Egipto fue a la mañana después de la comida pascual. Los israelitas marcharon audazmente fuera de Egipto a plena vista de sus antiguos opresores quienes estaban ocupados enterrando a sus muertos.[2] Los israelitas quedaron libres.

---

***Lección de liderazgo:*** servimos a un Dios que puede y quiere liberar a su pueblo.

Todos hemos sido esclavos en nuestro propio Egipto, necesitados de la libertad de Dios. Ninguno de nosotros tiene el poder de lograr la libertad de nuestra esclavitud personal. Si no fuera por la bondad del Señor, seguiríamos siendo esclavos de nuestra propia condición pecaminosa. Pero, así como Dios actuó decisivamente para libertad a Israel, también ha obrado para libertarnos por medio de Jesucristo. Dios continúa obrando para libertar a su pueblo. Con una mano poderosa y un brazo extendido nos saca de nuestra esclavitud.

Cuando Moisés saca a los hijos de Israel de Gosén, la procesión lleva huesos, equipo de batalla y cestas de masa. Los huesos pertenecen a José[3] y los llevan para cumplir la promesa que Dios le hizo cientos de años atrás. Los hombres llevan armas de guerra, muy probablemente lanzas. Las mujeres cargan en sus hombros canastas con masa y el pan sin levadura. Su salida es tan repentina que sólo llevan un escaso suministro de masa, preparada con tal prisa que no se molestan en fermentarla. En lugar de panes horneados, hacen pasteles finos tipo matzah --el pan seco de aflicción en forma de galleta.[4] Cuando José trajo a su familia a Egipto, eran como 70 personas. Cuando Moisés sacó a los israelitas de Egipto eran unos dos millones de personas.[5]

*Lección de liderazgo:* **Dios quiere llevar a su pueblo de viaje.**

La tarea del líder es discernir hacia dónde Dios quiere que vaya su pueblo y cómo llegar allí. La fe es dinámica. Estamos destinados a ser un pueblo en movimiento. No estamos destinados a permanecer atrapados en el cautiverio. Por fe, podemos estar seguros de que hay significado en nuestro mover, incluso cuando no está del todo claro para nosotros. Dios nos está llevando a una travesía.

Aparentemente, los israelitas no son los únicos que abandonan Egipto en ese momento. Según Éxodo 12:38, muchas otras personas se aprovecharon de los egipcios devastados y desmoralizados y escaparon con los israelitas.

*Lección de liderazgo:* **las bendiciones de Dios no se limitan a un pueblo o grupo.**

Cuando Dios obra para bendecir, ya sea a una persona o a un grupo, otros también se benefician.

Cuando Israel sale de Egipto, Dios va delante de ellos mostrándoles el camino. Él guía a los hebreos con una nube durante el día, que por la noche se transforma en en una columna de fuego.[6] La nube aparece por primera vez cuando los hebreos salen de Egipto. La nube va delante de ellos durante el día, dirigiéndolos por el camino correcto. La manifestación visible de la presencia de Dios, la nube, es un recordatorio alentador de que no están solos. La nube es una promesa de que Dios estará con su pueblo para protegerlos.

La nube también proporciona sombra, protegiéndolos del sol abrasador mientras viajan. Por la noche, cuando no pueden ver una nube, Dios proporciona una columna de fuego dentro de la nube. Este pilar proporciona iluminación y calidez, así como protección contra los animales salvajes. Cuando la nube se mueve, el campamento se mueve; cuando la nube se detiene, el campamento se detiene.[7] A veces la nube permanece sólo desde la noche hasta la mañana. A veces se queda durante tres días, a veces por una semana, a veces por un mes y a veces por un año o más.

*Lección de liderazgo:* **la dirección de Dios proporciona un gran consuelo.**

La nube que guía a los israelitas es visible e inconfundible. Su dirección, así como su velocidad, son determinadas por el Señor. Cuando Dios se mueve, el pueblo se mueve. Cuando Dios se detiene, ellos también.

## EL ÉXODO

Dios es su luz. Dios es su escudo. Dios es su guía. Les muestra a dónde ir y cuándo ir.

Si bien hoy no tenemos el mismo tipo de guía visible, tenemos la Biblia y el Espíritu Santo guiándonos. Tenemos la seguridad de que Dios es "lámpara es a mis pies tu palabra, y lumbrera a mi camino" (Salmo 119:105, RVR1960). También tenemos el Espíritu Santo, que no sólo mora sobre nosotros, sino también dentro de nosotros. El Espíritu nos permite entender la Biblia y caminar en la luz que nos proporciona.

Hablando de luz, también es digno notar que la columna de fuego que da luz a los judíos arroja oscuridad a los egipcios.[8] Cuando los israelitas parecen estar atrapados entre el Mar Rojo y el ejército egipcio, la nube va detrás de ellos y proporciona luz en el campamento de los israelitas y oscuridad en el campamento de los egipcios. La misma luz que ilumina a una persona puede traer oscuridad a otra.

Cuando los hebreos abandonan Egipto, la nube no los guía por una ruta directa hacia la Tierra Prometida. La ruta más corta es subir la costa hacia territorio filisteo. La ruta más fácil a Canaán se encuentra a través del Istmo de Suez y la tierra de los filisteos. Es un viaje de 160 Kilómetros aproximadamente. Pero Dios no les permite ir por ese camino. Aunque ese camino es más corto, y aunque están armados para la batalla, Dios no los lleva a través del país filisteo.

La ruta más corta los llevaría a un conflicto militar con los filisteos.[9] Esa ruta significaría la guerra, no sólo con los filisteos, sino también con las fortificaciones egipcias en el camino. La evaluación de Dios es que la guerra podría llevarlos de vuelta a Egipto, por eso no fueron por ese camino. Es difícil entender la razón por la que Dios hizo que los israelitas evitaran la guerra en ese momento, y ver que dos meses después si entrarían en combate.[10] Tal vez una razón es porque el atajo que Israel hubiera tomado le hubiera dado a Egipto ánimo para seguirlos. Enns dice: "Esta ruta alternativa resultará en una prueba mucho más grande para su fe (al ser rodeados por el mar) que lo que un conflicto abierto con los filisteos hubiera podido proporcionar."[11]

*Lección de liderazgo:* la vida rara vez ocurre en línea recta.

Cuando Dios saca a los hebreos de Egipto, no los lleva por la vía principal ni les da la ruta más directa a la Tierra Prometida. Más bien, los lleva por los caminos secundarios, uno más largo hacia el Mar Rojo.

Los desvíos a través del desierto a menudo están diseñados para lograr propósitos divinos. La forma más corta, rápida o más fácil de llegar al destino podría no permitir el tiempo necesario para desarrollar el carácter necesario en el destino.

## Preguntas para el desarrollo del liderazgo

1. ¿Hacia dónde lleva a las personas a las que está sirviendo?

2. ¿Cómo lo ha libertado Dios a usted?

3. ¿En qué formas encuentra usted la dirección de Dios?

— DOCE —

# EL MAR ROJO: LA LIBERTAD QUE DIOS DA

*Cuando Israel salió de la esclavitud,
Yacía delante de ellos un mar;
Mi Señor extendió su poderosa mano,
e hizo rodar el mar alejándolo.*

Henry J. Zelley[1]

Tan pronto como Israel abandona Egipto, Faraón comienza a lamentarse de haberlos dejado ir. La pérdida de la fuerza de los esclavos es más de lo que puede soportar. Con la partida de los hebreos, Egipto perdió su principal fuente de mano de obra y gran parte de la riqueza privada de la nación.

Cuando transcurren tres días y los israelitas no se vuelven hacia Egipto, Faraón decide poner fin a la insurrección israelita de una vez por todas. Las mejores tropas de Egipto están equipadas con los mejores carros de Egipto y enviadas para traer a los hebreos de vuelta.

A medida que los israelitas viajan desde Egipto, terminan en una zona en la que pueden quedar atrapados fácilmente. Hay arena en un lado, montañas en el otro, y un mar delante de ellos. Parece como si la táctica de acampar con sus espaldas contra el mar fuera una invitación al desastre. La maniobra pone a los israelitas a merced de un ejército atacante y corta cualquier línea de escape. Están literalmente atrapados entre el Faraón y el profundo Mar Rojo. No hay una salida aparente excepto la forma en que han entrado. Los israelitas escucharon, vieron y sintieron seiscientos carros de guerra egipcios acercándose.

*Lección de liderazgo:* **los hijos de Dios a veces se encuentran en lugares de profunda dificultad.**

La pregunta es, ¿cómo responder? ¿Permitirá que el registro de la fidelidad de Dios y sus buenas promesas le den esperanza, o se desesperará ante la vida y abandonará la esperanza? Los buenos líderes tienen la oportunidad de alentar a los seguidores desmoralizados y señalarles al Dios de esperanza.

Aunque los israelitas marchan afuera de Egipto con valentía, cuando ven los caballos, los carros y las tropas egipcias marchando tras ellos, se les achica el corazón y claman de terror. Un vistazo al ejército egipcio pone en pánico a los israelitas. Temen ser masacrados en el desierto. Su respuesta a su situación es terror, acusación y crítica de lo que juzgan como el liderazgo fallido de Moisés. Culpan a Moisés por su situación. "¿Por qué nos trajiste aquí a morir en el desierto? ¿Acaso no había suficientes tumbas para nosotros en Egipto? ¿Qué nos has hecho? ¿Por qué nos obligaste a salir de Egipto? ¿No te dijimos que esto pasaría cuando aún estábamos en Egipto? Te dijimos: ¡Déjanos en paz! Déjanos seguir siendo esclavos de los egipcios. ¡Es mejor ser un esclavo en Egipto que un cadáver en el desierto! Pero Moisés les dijo: No tengan miedo. Solo quédense quietos y observen cómo el SEÑOR los rescatará hoy. Esos egipcios que ahora ven, no volverán a verlos jamás. El SEÑOR mismo peleará por ustedes. Solo quédense tranquilos" (Éxodo 14:11-14, NTV).

Jonathan Kirsch dice: "Cuatro siglos de esclavitud habían marcado las almas de los israelitas, debilitado su voluntad y los había dejado cobardes, cínicos y calculadores. Los israelitas estaban armados, pero no se atrevieron a luchar, a pesar de que superaban ampliamente a los egipcios. Después de todo, seiscientos mil hombres de armas deberían haber sido capaces de rechazar seiscientos carros. En cambio, se quejaban del peligro al que Moisés los había conducido."[2]

*Lección de liderazgo:* cuando parezca que usted está encerrado, y no sabe hacia dónde dirigirse, acuda a Dios.

En Éxodo 14:13-14, Moisés les dice a los hebreos exactamente qué hacer en tiempos de miedo y gran estrés: 1) No tema, 2) quédese quieto, 3) vea lo que Dios hará, 4) y permanezca en silencio mientras el Señor lucha por ti. Esto es exactamente lo contrario de la típica respuesta humana a la crisis, que es: 1) Tema, 2) corra, 3) luche por su cuenta, 4) y cuéntele a todos los demás, excepto a Dios su situación.[3]

Cuando parezca que el enemigo lo ha cercado, recuerde que es Dios quien lo tiene rodeado. El salmista declara: "Detrás y delante me rodeaste, y sobre mí pusiste tu mano" (Salmos 139:5, RVR1960). Recibimos la orden de esperar y ver la liberación del Señor. El miedo al enemigo conduce a la desesperación, mientras que la confianza en Dios conduce a la esperanza. Las situaciones difíciles se convierten en oportunidades para confiar en Dios y ver su liberación.

Moisés tiene confianza en la capacidad de Dios para salvar. Les dice a los israelitas que no tengan miedo y que verán la liberación del Señor. Entonces el Señor le ordena a Moisés que les diga a los israelitas que marchen hacia adelante. Moisés debe levantar su bastón y estirar la mano sobre el mar para que el agua se divida y los israelitas puedan cruzar en tierra seca, con un muro de agua a su derecha y a su izquierda.

Durante toda la noche, el Señor envía un fuerte viento del este que hace que el mar se retraiga y lo convierte en tierra seca.[4] Al mismo tiempo, el ángel de Dios y la columna de nube, ambos frente a los israelitas, se mueven detrás de ellos, entre los egipcios y los hebreos, protegiendo a los israelitas de sus atacantes. El pilar da luz a Israel, pero la oscuridad al enemigo. Dios se convierte en un muro de protección entre su pueblo y sus enemigos.

---

**Lección de liderazgo: por difícil que sea su situación, por muy amenazante que sea la situación, Dios puede abrir un camino.**

Cuando esté atrapado entre una roca y un lugar difícil, anímese porque Dios puede liberar a las personas que no pueden librarse a sí mismas. Él puede abrir un camino.

---

Tan pronto como los egipcios ven que Israel está escapando, siguen a los israelitas hacia el mar. Mientras los egipcios persiguen a los israelitas a través del mar, el ejército está confundido. Además, los carros no funcionan bien y tienen dificultades para conducir. Los egipcios pierden rápidamente su voluntad de luchar. Pero antes de que puedan retirarse, Moisés vuelve a estirar su mano sobre el mar desde la lejana orilla y el mar regresa a su lugar. Los egipcios están abrumados por el repentino avalanche de agua que los derriba desde ambos lados y son arrastrados al mar. No hay sobrevivientes: todo el ejército de Faraón está perdido.

El poderío militar de los egipcios está destrozado. Lo que más temían los israelitas ha quedado impotente. Y, en un giro irónico, de la misma manera que Faraón había destruido a los bebés judíos

*LA LIBERTAD QUE DIOS DA*

ahogándolos, así Dios ahora destruye el ejército de Faraón, ahogándolos a ellos.

Una escena increíble toma lugar a la mañana siguiente en la orilla del Mar Rojo. Cuando sale el sol, los israelitas ven los cuerpos de sus enemigos ahogados en la orilla. Una canción de liberación emerge de sus filas,[5] dirigida por Moisés y por Miriam, la hermana de Moisés.

En honor a la dramática victoria de Dios sobre el ejército egipcio en el Mar Rojo, los israelitas cantan, mientras celebran su nueva libertad. No existe ningún otro pensamiento fuera del Señor en esta canción. Ni una sola vez nombran a Moisés. Dios, y sólo Dios, es glorificado. El propósito declarado de este himno, desde el principio, es exaltar a Dios. La canción pasa de una celebración de la liberación de Dios a las victorias que están por venir.

Miriam proporciona la bendición, proclamando: "Canten al SEÑOR, porque ha triunfado gloriosamente; arrojó al mar al caballo y al jinete" (Éxodo 15:21, NTV).

---

*Lección de liderazgo:* la música proporciona una manera maravillosa de celebrar las victorias y la liberación.

Después de las victorias que Dios otorga, siempre debe haber una canción para Dios. El canto de alabanza de Moisés sirve como ejemplo de un canto que se centra exclusivamente en Dios y en lo que Dios ha hecho. En el Mar Rojo, Dios pone alegría en sus corazones y una nueva canción en sus bocas. Servimos al Dios que puede convertir nuestras ansiedades inquietantes en cantos de alabanza.

---

Israel nunca olvidará lo que sucedió en el Mar Rojo. El Antiguo Testamento menciona el cruce del Mar Rojo más que la Pascua. Las generaciones venideras, los jueces, poetas y profetas de Israel escribirán sobre la liberación de Israel en el Mar Rojo.

El momento está en la memoria nacional. Israel ha descubierto cómo Dios guía, protege y libera a su pueblo. Esta liberación aparentemente también la saben otras naciones, porque cuando los israelitas vienen a conquistar la Tierra Prometida y los dos espías hebreos se dirigían a Jericó, Rahab la prostituta les dice: "Pues hemos oído cómo el SEÑOR les abrió un camino en seco para que atravesaran el mar Rojo cuando salieron de Egipto." (Josué 2:10, NTV).

Swindoll dice: "El cruce del Mar Rojo es para el Antiguo Testamento lo que la Resurrección es para el Nuevo. Cuando los profetas y escritores del Antiguo Testamento quisieron referirse a la mano milagrosa de Dios, recuerdan este evento más que a cualquier otro. Así, cuando un escritor en el Nuevo Testamento quería ilustrar el poder de Dios, más a menudo se refería a la Resurrección."[6]

Israel vuelve a confiar en el Señor y en Moisés. Su confianza, sin embargo, dura poco tiempo.

## Preguntas para el desarrollo del liderazgo

1. Cuando usted se encuentra en un lugar de profunda dificultad, ¿cómo responde?

2. Cuando Dios actúa de manera significativa para bendecirlos a ustedes o a las personas a las que sirven, ¿cómo celebran ese acontecimiento?

— TRECE —

# MARA: LUGARES AMARGOS DE LA VIDA

*Cuando la raíz es amarga,
imagine cómo podría ser el fruto.*
Woodrow Kroll[1]

Después de salir del Mar Rojo, los israelitas viajan tres días por el desierto sin encontrar agua. Cuando finalmente la encuentran, no pueden beberla porque es amarga. El alivio al descubrir el agua se convierte en desilusión cuando no la pueden beber. A los israelitas les resulta difícil creer que el Dios que tan recientemente los guió a través del Mar Rojo también los podría librar de sus problemas actuales. Como suele ser el caso cuando la decepción y el descontento se casan, la amargura es el producto.

La tendencia de los israelitas a murmurar y quejarse amargamente se puede ver desde Éxodo 5:21, cuando condenan a Moisés por las acciones de Faraón. Las quejas con resentimiento y su forma hostil de hablar, marcan el período de los cuarenta años de los israelitas en el desierto. Uno pensaría que la liberación de Dios a los israelitas del ejército egipcio resultaría en actitudes optimistas y en una fe dinámica. Sin embargo, a los tres días siguientes de la más grande liberación registrada en el Antiguo Testamento, los hijos de Israel se quejan de nuevo amargamente. Si bien parece

## MARA

que la confianza de Moisés en la fidelidad de Dios sigue creciendo, aparentemente no es así para los israelitas.

Éxodo 15:22–17:7 contiene tres historias sobre cómo los Israelitas se quejan por la falta de agua y alimentos: agua en Mara (Éxodo 15:22-27); maná y codornices (Éxodo 16:1-36); y la falta de agua en Refidim (Éxodo 17:1-7). La primera de estas historias de insurrección comienza con el agua en Mara.

Cuando los israelitas parten del Mar Rojo, sus corazones están alegres. Acaban de ver la maravillosa liberación de Dios. Tienen la columna de fuego y la nube para asegurarles la presencia y protección de Dios.

Pero a medida que viajan hacia el sur a través del desierto, no encuentran pozos, ni oasis, ni fuente de agua para ellos ni para sus rebaños. Las vasijas de piel de cabra que estaban llenas de agua en el Mar Rojo se secan después de sólo tres días. El problema de demasiada agua en el Mar Rojo es seguido por el problema de muy poca agua en el desierto. Al tercer día, la gente tiene sed. Las bocas están secas y resecas. Las lenguas se sienten gruesas y como papel de lija. Aumenta el descontento. Wiersbe dice: "Un solo día en el desierto sin agua sería tolerable, dos días sería difícil, pero tres días serían imposibles, especialmente para los niños y los animales."[2]

Finalmente, llegan a Mara. Cuando llegan a ese manantial, probablemente se precipitan de cabeza hacia el agua sólo para descubrir que el agua es amarga y les hace dar náuseas. La gente no puede beberla. A esta fuente de agua sin nombre la llaman Mara, que significa "amarga" en hebreo. La decepción de los israelitas es evidente: "Entonces la gente se quejó y se puso en contra de Moisés." (Éxodo 15:24, NTV).

*Lección de liderazgo:* los lugares amargos a menudo resultan en actitudes amargas y palabras amargas.

Esto es especialmente cierto para los israelitas. La queja amarga es la misma reacción por los tiempos difíciles. Kirsch dice: "La amargura fue la respuesta de los israelitas a cada momento de adversidad e incertidumbre en el desierto, y Moisés siempre fue el blanco de sus quejas."[3]

La decepción y la amargura a menudo van de la mano. Lidiar con la decepción puede ser un desafío significativo en el liderazgo, ya sea su propia decepción o la decepción de aquellos a quienes supervisa.

Los líderes deben ser conscientes de la influencia destructiva de las expectativas no realizadas, que a menudo conducen a la desilusión y la amargura. Dar a las personas la oportunidad de expresar sus expectativas a veces puede ayudarles a reconocer cuando esas expectativas no son realistas. La comunicación, especialmente la comunicación que da forma a las expectativas se convierte en parte integral del liderazgo cuando los grupos se encuentran en circunstancias decepcionantes.

A menudo, un viaje le llevará a lugares llenos de decepción, expectativas insatisfechas o extremas dificultades. La actitud que marca su conducta cuando las cosas amargas llegan a su vida, probablemente determinará la eficacia de su liderazgo en tiempos difíciles. Los lugares amargos no tienen por qué traducirse en actitudes amargas, palabras o corazones amargos. Cada líder se encontrará en Mara en algún momento de su viaje de liderazgo. Las decepciones vendrán, pero los lugares de decepción no tienen que convertirse en lugares de amargura.

En Mara, Moisés se da cuenta de que está en problemas, y hace lo que hacen los buenos líderes cuando se encuentran en problemas. Moisés busca a Dios en oración. Él le clama a Dios, quien le ordena a Moisés que tome un pedazo de madera y la tire al agua.[4] Cuando lo hace, el agua se vuelve potable.

***Lección de liderazgo:*** **cuando se encuentre en problemas, acuda a Dios.**
Dios permite que los "Mara" en nuestra vida no sólo prueben nuestra fe, sino también su fidelidad. Utiliza esas experiencias para revelar lo que hay en nosotros y luego nos brinda la oportunidad de experimentar su provisión. El Dios que lo guió a través de su propia experiencia en el mar Rojo, ya sea recientemente o hace mucho tiempo, también lo librará de sus problemas actuales.

Los israelitas están decepcionados con Mara, pero están sorprendidos y encantados cuando el próximo viaje los lleva a Elim. Allí descubren doce manantiales de agua que proporcionan la dulce frescura que tanto anhelaban. Es posible que cada tribu bebiera de su propio manantial. También había setenta palmeras que proporcionaban sombra y una oportunidad para el descanso y la relajación. Elim representó un lugar de curación y restauración.

***Lección de liderazgo:*** **a lo largo del viaje experimentarás Maras, pero también experimentarás lugares como el de Elim.**
Elim es un lugar que representa el descanso después de una larga marcha por el desierto. Las circunstancias difíciles brindan al pueblo de Dios oportunidades de confiar en Él de maneras más profundas que en el pasado, y de experimentar la provisión de Dios de maneras nuevas y refrescantes. Por lo general, la única manera de llegar a Elim es a través del desierto, lo que hace que las palmeras sean más bellas, y su sombra más refrescante. La experiencia del desierto hace que el agua del pozo sea más fría y vigorizante. Esos lugares de refrigerio y relajación nos ayudan a recuperarnos de las difíciles estaciones de la vida y a prepararnos para el siguiente tramo del viaje.

## Preguntas para el desarrollo del liderazgo

1. ¿Cómo lidia usted con la decepción personal antes de que lo conduzca a la amargura?

2. ¿Hasta qué punto el proporcionar comunicación y gestionar las expectativas puede disminuir la decepción potencial de las personas a las que sirve?

3. ¿Dónde está su Elim, el lugar de su descanso?

— CATORCE —

# MANÁ Y CODORNICES: DANOS HOY

*Guíame, oh tú gran Jehová,*
*Peregrino a través de esta tierra estéril;*
*Soy débil, pero tú eres poderoso;*
*Sujétame con tu mano poderosa;*
*Pan del cielo, pan de los cielos,*
*Dame de comer hasta que no quiera más,*
*Dame de comer hasta que no quiera más.*

William Williams[1]

El capítulo 16 del Éxodo comienza con "toda la comunidad" quejándose contra Moisés y Aarón. Acaban de ver la liberación del Señor en el Mar Rojo, han experimentado las aguas de Mara siendo bebibles y disfrutaron de la sombra, la belleza y el refresco del oasis de Elim.

Pero una vez que sus estómagos comenzaron a rugir, ellos comenzaron a quejarse. Extrañan los "lujos" de Egipto.[2] Una turba enojada acusa a Moisés y a Aarón de llevar a Israel al desierto para matarlos de hambre, cuando hubieran podido sentarse alrededor de ollas con carne y haber comido todo lo que querían en Egipto. Moisés considera que es una queja exasperante. La carne era una rareza entre los esclavos en el antiguo Egipto y recuerdan "los buenos viejos tiempos" como mejores de lo que realmente eran. La expresión: "nos sentamos alrededor de ollas con carne" es una exageración –el descontento lleva a tales exageraciones. Los israelitas están retorciendo los hechos con el fin de construir un caso más fuerte en contra de su líder. La vida en Egipto no era una larga línea de buffets de barbacoa. Están exagerando las escasas disposiciones que tenían en Egipto y disminuyen los recursos que actualmente tienen en el desierto.

En respuesta a la queja de los israelitas por su hambre, el Señor le dice a Moisés que espere que el "pan del cielo" comience a caer como la lluvia cada día. La gente iba a poder recoger lo suficiente para satisfacer su necesidad de pan diario.

La palabra maná proviene de la pregunta que los judíos hacían la primera[3] mañana en que aparece el pan. La gente se sorprende por la aparición del pan y su respuesta inicial es preguntar, "¿Qué es?" o man hu en hebreo. La pregunta que hacen los israelitas se convierte en el nombre del alimento: maná, pan del cielo.

Dios da instrucciones específicas relacionadas con el maná. Seis mañanas a la semana todos deben recoger tanto como sea necesario para sus necesidades y las necesidades de su familia. En promedio, cada persona deberá reunir un omer (alrededor de 3 libras). El maná se come sólo el día que se recoge, no se guardará de la noche a la mañana. Aquellos que lo guardaron por la noche lo encontraron lleno de gusanos y de mal olor a la mañana siguiente. En el sexto día deben recoger lo suficiente para dos días, porque no se proporcionará maná en el día de reposo. La cocina del cielo está inactiva en el séptimo día.

El maná baja con el rocío cada noche. Por la mañana, cuando la capa de rocío en el suelo se seca, escamas delgadas como las heladas aparecen en el suelo del desierto. La liviana y delicada delicia es blanca como la semilla de cilantro, parece resina, y sabe a obleas hechas con miel y aceite de oliva. La Tierra Prometida se describe como una tierra de leche y miel, y este maná sirve como un aperitivo, un anticipo de las bendiciones de Canaán.

---

***Lección de liderazgo:* realmente sólo necesitamos pan para hoy.**
La comida cada día en el desierto es evidencia de la diaria provisión de Dios. No se puede dar por sentado y no se puede acumular. Deben confiar en que Dios cada mañana suministra lo que necesitan para ese día. El maná se convierte en un recordatorio diario para Israel, y para nosotros, de que Dios es la fuente de vida. Dios proveerá para cada persona exactamente lo que necesita en su situación particular. La comida no debe ser acumulada, pero se debe confiar de nuevo en Dios cada día. Israel se mantiene en un estado de dependencia perpetua.

Jesús nos anima a orar por "pan diario".[4] Así es como aprendemos a confiar en Dios todos los días. Encontramos nuestra seguridad en Dios, que cada día demuestra ser fiel. Debemos estar dispuestos a recibir provisiones de su mano día a día.

Los escritores evangélicos presentan a Jesús como el verdadero pan del cielo que da vida eterna a los que creen en Él. En Juan 6:22-59, al día siguiente de que Jesús alimentó a más de 5.000 personas con cinco panes de cebada y dos peces pequeños, predicó un sermón sobre "el pan de vida" a una multitud en la sinagoga de Capernaum. Jesús declaró que Él es "el verdadero pan" que bajó del cielo para los pecadores hambrientos.

---

Los soldados de todas las épocas se han quejado de sus raciones, al igual que el ejército que marchó siguiendo a Moisés. Pronto se cansan de maná y quieren carne. Después de levantar campamento en el Sinaí, los israelitas comienzan a quejarse de la comida que Dios está proporcionando. Esta vez no se quejan de la falta de comida, sino de la falta de la variedad de la comida.

## MANÁ Y CODORNICES

*Lección de liderazgo:* "los rezongones se van a quejar."

Swindoll dice que el quejarse puede convertirse en la respuesta estándar de aquellos que están permanentemente insatisfechos. "Así son los que se quejan. Se quejan cuando no lo tienen, pero cuando lo consiguen, se quejan porque no es su variedad preferida. Y cuando obtienen su variedad preferida, se quejan porque prefieren probar otra cosa."[5]

A los israelitas no les gusta la comida que se les da. Se cansan de la comida diaria del maná y anhelan carne. Entonces, Dios envía codornices. Dios le dice a Moisés que le diga al pueblo que, si quiere carne, Dios les dará carne. De hecho, tendrán tanta carne que no la podrán consumir en un día, o incluso en una semana. Comerán carne durante todo un mes, "hasta que os salga por las narices, y la aborrescáis" (Números 11:20).

Esa noche, un viento empuja codorniz desde el mar y los dispersa en montones de aproximadamente un metro de altura alrededor del campamento. Un hebreo puede caminar durante todo un día desde el centro del campamento, en cualquier dirección, y todavía ver montones de codornices. Durante los siguientes dos días, la gente recoge codornices.

El maná y la codorniz son dones sobrenaturales. Dios los provee, y vienen del cielo. Sin embargo, los israelitas tienen que trabajar para recogerlo. Lo mismo es cierto con el maná. "El maná no cayó en la boca de los israelitas", dice Boice. "Tenían que salir por la mañana y recogerlo."[6]

*Lección de liderazgo:* hay una correlación entre la provisión divina y la responsabilidad humana.

Dios rara vez lo hace todo Él mismo. Dios espera que la participación humana acompañe su provisión divina. Dios suministra el maná, pero los israelitas deben cosecharlo, recogerlo, prepararlo y comerlo. Dios provee codornices, pero los israelitas deben recogerlas, limpiarlas, cocinarlas y comerlas. Dios proporcionará la victoria sobre el enemigo, pero Israel debe tomar las armas y participar en la conquista divina. Como un teólogo dijo: "El propósito divino y la responsabilidad humana bailan el uno con el otro."[7]

Dios ha hecho ahora dos cosas para proveer milagrosamente alimentos para el pueblo. Primero, proporciona maná, la sustancia similar al pan que encuentran en el suelo por las mañanas. Segundo, Él proporciona codornices. Dios no sólo proporcionará comida y agua para el viaje, sino también ropa. Como dice la Escritura, la ropa de los israelitas no se desgastó durante cuarenta años. Tampoco se les hincharon los pies (Deuteronomio 8:4).

El maná es comida sobrenatural que sólo se les da a los israelitas durante su trayectoria por el desierto. El maná se detiene el día en que los israelitas llegan a Canaán y tienen acceso a los productos de la tierra.[8]

Con el tiempo, se coloca en el Arca de la Alianza un frasco lleno de maná como un memorial de la manera en que Dios proveyó para sus hijos mientras viajaban por el desierto.[9] El frasco servirá como un recordatorio perpetuo para que el pueblo de Dios no olvide la historia de su liberación y su provisión.

### Preguntas para el desarrollo del liderazgo

1. Como líder, ¿cómo ayudas a que los quejumbrosos se den cuenta de que la maquinaria fallida necesita un reinicio?

2. ¿De qué manera confía usted en la provisión diaria de Dios?

3. ¿Cuál es la correlación entre la provisión divina y la responsabilidad humana en su propia vida?

— QUINCE —

# AMALECITAS: LOS TERRORISTAS ANTIGUOS

*"Hay tres tipos de personas en este mundo: ovejas, lobos y perros ovejeros."*

Wayne Kyle[1]

La península del Sinaí era, y es, un lugar peligroso. En los días de Moisés, las tribus nómadas que se extendían por el desierto se apresuraban a luchar con cualquier grupo que entrara en su territorio. Antes de llegar al Monte Sinaí los israelitas luchan contra una de esas tribus, los amalecitas, que se convertirían en sus enemigos perennes.

Los amalecitas son gente despiadada y luchadora que desciende del nieto de Esaú, Amalec.[2] Son nómadas feroces que deambulan por el territorio, atacando a cualquiera que intente pasar. Su estrategia habitual es eliminar cobardemente a los rezagados al final de la columna: personas que están hambrientas, impotentes, cansadas, viejas, enfermas y que no pueden seguir el ritmo de la caravana principal. En Deuteronomio 25:17-18, Moisés recuerda las tácticas bárbaras y viles de los amalecitas, que atacan a Israel repentinamente por detrás para aprovecharse de los más débiles.

Los amalecitas son los terroristas del mundo antiguo. Son las primeras personas en atacar a los israelitas mientras se dirigen hacia la tierra prometida, lanzando un asalto sorpresa, sin provocación y sin previo aviso. La acción maligna se ve agravada por el hecho de que apuntan a los débiles y ancianos.

*Lección de liderazgo:* **los líderes actúan para proteger a quienes sirven.**

Cuando los lobos amenazan al rebaño, el pastor debe protegerlo y, a veces, luchar contra sus acechanzas. Los líderes tienen la responsabilidad de proteger a su comunidad. Deben estar dispuestos a enfrentarse a lobos y otros depredadores que se aprovechan de los débiles, de los que no tienen fuerzas y de los indefensos.

En un corto período, Israel experimenta una liberación milagrosa en el Mar Rojo, la provisión sobrenatural de maná y codornices, una extraordinaria provisión de agua en Mara y una maravillosa temporada refrescante en Elim. El ataque de Amalec está casi pisando sus talones después de estas grandes bendiciones.

*Lección de liderazgo:* **el enemigo a menudo ataca al pueblo de Dios después de haber experimentado bendiciones especiales, con el fin de detener el impulso.**

El ataque de Amalec está diseñado para detener el progreso que los israelitas experimentan en su trayectoria. No es inusual que el enemigo ataque después de un tiempo de gran victoria. Por ejemplo, en 1 Reyes 18 leemos que es después de que Elías el Profeta derrotó a los sacerdotes de Baal, que se desanimó y estuvo tentado a renunciar.[3] Es después del bautismo de Jesús que Él es tentado por el diablo en el desierto.[4] El enemigo desea detener su impulso y revertir su progreso.

Después de temporadas de progreso significativo, no te sorprendas si experimentas un ataque del enemigo.

Cuando los amalecitas atacan a Israel en Refidim, Moisés nombra a Josué, un hombre casi con la mitad de su edad, como comandante de las tropas.[5]

Los israelitas tienen armas en la mano que habían sacado de Egipto, pero no tienen experiencia en combate. Su líder, Josué, tampoco tiene experiencia dirigiendo un ejército. Es notable que, en este primer encuentro con un enemigo armado, los israelitas son disciplinados, atacando al enemigo sin detenerse y sin huir. Los esclavos se convierten en soldados y ganan su primera batalla. Y la victoria se produce de una manera increíble.

La historia de la batalla se encuentra en Éxodo 17. Moisés, Aarón y Hur se colocan estratégicamente en la cima de una colina, donde tienen una visión imponente de la batalla que se lleva a cabo. El bastón de Moisés está en sus manos. Mientras Moisés levante sus manos y su bastón, Josué y los israelitas ganan la batalla. Pero cuando las manos de Moisés se cansan y baja el bastón, los amalecitas comienzan a ganar la batalla.

Entonces, Aarón y Hur encuentran una roca para que Moisés se siente en ella. Sostienen las manos de Moisés hasta que se pone el sol, y Josué y los israelitas derrotan a los amalecitas. Esta es una maravillosa imagen de amigos decididos a estar juntos en intercesión por el pueblo de Dios.

**Lección de liderazgo:** *no subestimes el poder de la oración cuando se trata de ganar batallas.*

Como es cierto en muchas de las batallas de la vida, a menos que el Señor intervenga, la batalla se pierde. Esta es una lección que

# AMALECITAS

Israel necesita aprender. Las manos levantadas de Moisés "no sólo proporcionan apoyo psicológico, sino que desatan el poder divino."[6]

Así como la victoria sobre los amalecitas depende del Señor, también lo serán el resto de las batallas que Israel enfrentará, tanto en el lado del desierto del Jordán como al otro lado del Jordán, la tierra de Canaán. Las naciones del otro lado del río Jordán son más poderosas de lo que Israel tiene la capacidad de superar sin la ayuda divina.

A menudo no somos capaces en nosotros mismos de salir victoriosos. Pero "el Espíritu que vive en ustedes es más poderoso que el espíritu que vive en el mundo" (1 Juan 4:4, NTV).

---

Tan memorable es la victoria sobre los amalecitas en Refidim que Moisés se detiene para construir un altar llamado Adonai Nissi: "El Señor es mi estandarte."[7]

Debido a la cobarde y brutal manera en que los amalecitas actúan hacia los israelitas, el Señor declara a Moisés que Israel debe contender con Amalec hasta que esta nación sea completamente destruida.[8] En Deuteronomio 25:19, Moisés convoca a una nueva generación de israelitas para borrar completamente la memoria de los amalecitas. Los descendientes de Amalec no tendrán futuro.

En el futuro, Israel,[9] Gedeón,[10] Saúl,[11] y David[12] lucharán contra los amalecitas. El conflicto israelita-amalecita continúa en la historia de Amán[13] identificado como un amalecita que intenta aniquilar a todos los judíos, pero que es asesinado junto con sus diez hijos. Los amalecitas serán finalmente aniquilados durante el reinado de Ezequías.[14]

Los amalecitas son sólo el primero de una larga línea de enemigos con los que los israelitas participarán en la batalla.

*Lección de liderazgo:* las generaciones futuras tendrán que terminar algunas de las batallas que comenzamos.[15]

Así como las generaciones sucesivas continuaron luchando contra los amalecitas, tal vez no podamos terminar la lucha contra la trata de personas, el hambre en el mundo o cualquier otra amenaza que se aprovecha de los más débiles entre nosotros. Aún así, es importante que empecemos la pelea.

## Preguntas para el desarrollo del liderazgo

1. ¿Hasta qué punto los líderes deben proteger a aquellos a quienes sirven? Si es así, ¿cuáles son los límites?

2. ¿Ha habido algún tiempo en su vida en que un líder intercedió por usted? Si es así, ¿cuáles fueron las circunstancias y cómo se sintió?

3. Si usted tuviera que construir un altar para conmemorar una victoria reciente, ¿qué nombre le daría a ese altar?

— DIECISÉIS —

# JETRO: UNA RAZÓN POR LA QUE LOS LÍDERES COLAPSAN

*El camino del necio es derecho en su opinión;
mas el que obedece al consejo es sabio"*
Proverbios 12:15, RVR 1960

Hay un aire de misterio alrededor de Jetro, el suegro de Moisés, debido en parte a cierta confusión sobre su nombre.[1] Sabemos muy poco de él, aparte de que tiene hijas y rebaños, y que es sacerdote de Madián.[2] Como madianita, sabemos que es un descendiente de Abraham.[3] Su nombre significa "amigo de Dios" o "Dios es mi pastor."[4]

Moisés parece tener una gran relación con su suegro. Después de su encuentro con Dios en la zarza ardiente, Moisés regresa a Jetro para pedir permiso para regresar a Egipto[5] y aparentemente para devolverle las ovejas. Esta demostración de respeto es el reconocimiento de Moisés del estatus de Jetro como su mayor. Después de decirle a Jetro que quiere visitar Egipto para ver si su familia está viva, Moisés recibe la bendición de Jetro.

Pasa algún tiempo, y después de haber escuchado en Madián todo lo que Dios ha hecho por Moisés y por los israelitas al liberarlos de Egipto, Jetro decide viajar al desierto del Sinaí en busca de su yerno. También trae a la esposa de Moisés, Séfora, y a sus dos hijos, Gerson y Eliezer.

## JETRO

Cuando Jetro aparece en el campamento de los israelitas, Moisés le da una bienvenida real con una gran muestra de respeto y afecto. Moisés le dice a Jetro todas las cosas que Dios ha hecho a favor del pueblo: las plagas y la Pascua, la liberación del Mar Rojo y la victoria sobre los amalecitas. Obviamente impresionado con lo que Dios ha hecho por los hijos de Israel, Jetro ofrece un sacrificio.[6]

Moisés está en un punto de colapsar cuando recibe la visita oportuna de su suegro, Moisés está cargado con las abrumadoras responsabilidades de llevar a los hebreos fuera de Egipto y hacia la Tierra Prometida. Éxodo 18 nos da una idea del tipo de vida que Moisés está llevando. Cuando los hebreos acampan, y les queda un día libre del cansancio de la marcha, Moisés se sienta en una silla del juicio. Todas las personas acuden a él cuando enfrentan cualquier disputa o queja o asuntos sobre los cuales desean consejo o juicio. Cuando dos millones de personas viven y viajan juntas, seguramente hay disputas. En este punto del viaje, Moisés es el único mediador.

---

*Lección de liderazgo:* **los líderes siempre tendrán que lidiar con el manejo de conflictos, tratando tanto sus propios conflictos como los conflictos entre aquellos que lidera.**

Mientras haya personas viviendo en comunidad, habrá conflicto. Esto es cierto en los hogares, en los barrios, en las iglesias, en las empresas, en las escuelas y en todas las organizaciones. Las habilidades en la gestión de conflictos y la inteligencia relacional son fundamentales para el liderazgo.

---

Jetro observa de primera mano el estilo y la naturaleza del liderazgo de Moisés. Ve cómo el pueblo viene a Moisés de la mañana a la noche para resolver sus disputas. Moisés está haciendo demasiado por su cuenta y ha descuidado pedir ayuda de otros para llevar la carga. Aunque la nación ya tiene hombres capaces,[7] aparentemente no están ayudando a Moisés en las actividades cotidianas del campamento.

Jetro ve lo que está sucediendo y le dice a Moisés: "No está bien lo que haces. Desfallecerás del todo, tú, y también este pueblo que está contigo; porque el trabajo es demasiado pesado para ti; no podrás hacerlo tú solo" (Éxodo 18:17-18, RVR1960).

*Lección de liderazgo:* **los líderes no siempre se dan cuenta del costo personal del liderazgo.**

Meyer dice: "No siempre vemos el costo que pagamos por el trabajo que hacemos. Estamos atrapados por la emoción y el interés de este."[8] Para muchos líderes, parece que siempre hay una cosa más que hacer. Las organizaciones a las que servimos nunca dirán: "Has hecho lo suficiente, por favor descansa." Más bien, siempre se puede esperar que hagamos un poco más. Mientras las cargas y las responsabilidades se multiplican, las reservas se gastan pronto.

Sería bueno que tuviéramos medidores de fácil lectura que evalúen cuánto combustible queda en nuestros tanques. Pero a menudo, nos encontramos de repente agotados. Afortunadamente para Moisés, tenía un amigo con el que pudo hablar sobre su situación.

Las palabras de Jetro "desfallecerás del todo, tú, y también este pueblo que está contigo" (Éxodo 18:18) provienen de un término hebreo que significa "estar marchitos por el agotamiento" o "hundirse, caer, languidecer, marchitarse y desplomarse."[9] Acompañar personas y sus cargas pone a prueba la compasión, drena el cerebro y fatiga el corazón. Cuidar las necesidades de las almas con problemas puede robar tu fuerza con el tiempo, especialmente si esto se mantiene sin descanso.

## JETRO

Jetro observa lo que le está pasando a Moisés y le ofrece consejos sólidos: obtener ayuda. Le advierte a Moisés que no podrá sostener el ritmo actual.

---

**Lección de liderazgo:** usted puede obtener un gran valor si (un entrenador, o un consultor o un asesor de confianza) observa y evalúa su estilo de liderazgo y eficacia.

Hasta este momento, Moisés ha tomado todas sus instrucciones directamente de Dios. Ahora, Dios proporciona sabiduría a Moisés a través de Jetro. El líder sabio está abierto a consejos sabios. Esté usted dispuesto a escuchar consejeros de confianza y personas sabias que Dios quiere usar para mostrarle alguna verdad en su vida.

---

Jetro, quién se convierte en el experto y consultor eficaz de Moisés, le hace dos preguntas: 1) ¿Qué estás haciendo? (una cuestión de prioridades), y 2) ¿Por qué lo haces solo? (cuestión de recursos de personal).[10]

Jetro observa que el enfoque de liderazgo de Moisés no sólo lo está sobrecargando, sino también que tampoco le deja tiempo para usar una gran cantidad de talento. Ofrece algunos consejos paternales, le dice a Moisés que divida el trabajo trasladando parte de la carga a subordinados de confianza.

Jetro sugiere que Moisés seleccione hombres capaces para actuar como jueces sobre un grupo asignado de personas para los casos "simples." Moisés se preocupará sólo por los casos "difíciles."[11] Moisés debe organizar el campamento de tal manera que cada diez personas tengan a alguien con quien hablar sobre sus problemas civiles. Si el líder de diez no puede resolver el problema, será llevado al líder de cincuenta, luego al de cien y luego al de mil. Por último, se remitirá al mismo Moisés.

*Lección de liderazgo:* la Delegación —la asignación de responsabilidad y autoridad a los demás— hace que su equipo sea más grande y fuerte.

Jetro deja en claro que Moisés debe construir un equipo. Sugiere que Moisés identifique, reclute y desarrolle líderes que puedan compartir la responsabilidad. De hecho, sugiere que el equipo no sólo ayude a Moisés, sino que también asesore a los demás para que sean líderes. Jetro entiende la importancia de desarrollar un equipo de liderazgo y sabe que la mejor manera de hacerlo es crear un canal de liderazgo, un proceso por el cual los líderes están siendo mentores y guiando a otros al mismo tiempo. Construir un equipo fuerte ayuda a abordar las necesidades actuales. También sienta las bases para un futuro fuerte.

En Éxodo 18:17-23, Jetro le da a Moisés tres calificaciones para los jueces designados:[12] 1) Deben ser individuos que "temen a Dios." Esto significa que su liderazgo se basará en la sabiduría y la madurez divina y espiritual. 2) Deben amar la verdad y ser dignos de confianza. Esto significa que son dignos de confianza, capaces, tienen la capacidad de pensar con claridad, pueden sopesar objetivamente la evidencia y ser justos. 3) Deben odiar las ganancias deshonestas. Esto significa que tienen integridad financiera, están allí por la gente y no por el dinero, rechazan el beneficio personal corrupto, y anticipan —y rechazan— el soborno.

*Lección de liderazgo:* al construir un equipo, es necesario tener en cuenta las cualidades necesarias para un buen liderazgo.

Jetro le da a Moisés un buen consejo: "selecciona individuos capaces." Moisés hace esto pidiendo al pueblo israelita que seleccione candidatos los cuales ellos sepan que están calificados. Moisés "nombra," pero sólo después de que las personas nominan a personas que saben que están calificadas y son capaces de manejar sus casos.

Jetro le da a Moisés cuatro pasos a seguir en la implementación:
1. Elija a las personas adecuadas, aquellas que cumplen con los requisitos de ser espiritualmente maduras, confiables e imparciales. Lo importante de delegar responsabilidades es que tienes líderes que tienen capacidad y credibilidad, aptitud y carácter.
2. Entrenar bien a la gente. Moisés debe enseñar a Israel los decretos e instrucciones del Señor, mostrándoles cómo vivir de manera que honren a Dios y a sus semejantes israelitas. Este paso por sí solo reducirá el número de casos legales.
3. Empoderar y autorizar a los líderes frente a las personas que van a dirigir.
4. Aclárele a los líderes las decisiones para las que necesitan aprobación y lo que pueden decidir por sí mismos.

Jetro le dice además a Moisés que sus prioridades deben ser puestas en oración para enseñar al pueblo los caminos de Dios. Si este consejo suena familiar, puede ser porque lo mismo ocurre en Hechos 6:1-7. Los doce discípulos nombran a siete hombres para supervisar la distribución de los recursos a fin de que puedan centrar su atención a "la oración y al ministerio de la palabra" (v. 4). Las tareas de orar y enseñar son exactamente las que se dan a los ministros hoy en día.

*Lección de liderazgo:* **nadie puede hacerlo todo.**

Nadie posee todos los dones. Un individuo puede tener varios dones, pero no todos. Incluso si una sola persona tuviera todos los dones, no tendría el tiempo ni la fuerza necesarios para hacer todo

## UNA RAZÓN POR LA QUE LOS LÍDERES COLAPSAN

lo que se necesita hacer. Ni siquiera Moisés estaría dispuesto a ese desafío.

Pokrifka dice: "El propósito de Dios es distribuir dones de ministerio entre todo el pueblo de Dios en lugar de tenerlos concentrados permanentemente en un líder o en unos pocos líderes."[13]

Delegar y compartir la responsabilidad es fundamental en el liderazgo. Moisés está dispuesto a reconocer diversos dones y a distribuir las funciones de liderazgo.

Los líderes conscientes de sí mismos se dan cuenta en algún momento de la necesidad de delegar ciertas responsabilidades. No sólo es imposible poder hacerlo todo, es imposible ser bueno en todo. Levantar nuevos líderes es una buena estrategia para hacer más y hacer mejor. El darle responsabilidades a otros que han sido entrenados alivia su estrés y aumenta a satisfacción de cumplimiento de los otros.

---

Moisés procede a implementar un programa por el cual ciertas tareas, en particular, las de dictar juicios, se dividen entre los líderes designados de las doce tribus. Wiersbe dice: "Según Deuteronomio 1:9-18, Moisés compartió el consejo de Jetro con el pueblo, admitió su propia debilidad y cansancio, y les pidió que seleccionaran líderes para ayudarlo. Aprobaron el plan y seleccionaron a los oficiales a quienes Moisés luego encargó las responsabilidades de sus oficios."[14]

---

*Lección de liderazgo:* **la delegación se puede lograr bien cuando se siguen estos cuatro pasos.**

**En primer** lugar, determine lo que se puede delegar. En el caso de Moisés, se pueden delegar los veredictos diarios y rutinarios. ¿Qué estás haciendo que pueda, y deba, ser hecho por otra persona?

En segundo lugar, combina los trabajos con los dones. Conocer la mezcla de dones y las fortalezas de su equipo es fundamental para delegar bien.

En tercer lugar, aclarar las expectativas y proporcionar capacitación. Defina claramente la asignación. Hay una gran diferencia entre dar trabajo a otros y la delegación efectiva; esa diferencia es el entrenamiento. Jetro le dice a Moisés que se comunique con el pueblo, "Enséñales los decretos de Dios; transmíteles sus instrucciones; muéstrales cómo comportarse en la vida." (Éxodo 18:20, NTV). Jetro está sugiriendo que Moisés instruya al pueblo como un todo para que entienda las expectativas de Dios. Moisés, hasta ese momento, ha estado esperando que surja un problema antes de compartir las ideas de Dios.

**Cuarto**, evalúe y afirme regularmente a sus líderes. Sus responsabilidades no terminan una vez que delega sus tareas. Todavía necesita evaluar la eficacia del equipo y ofrecer comentarios y afirmaciones.

---

Como ya mencionamos, el enfoque de liderazgo de Moisés fue adoptado por los apóstoles cuando el negocio de la iglesia había crecido más allá de su alcance. Ya no podían hacerlo todo, por lo que pidieron la ayuda de Esteban y sus colegas para servir mesas mientras se entregaban a la oración y al ministerio de la Palabra.[15] Estos asistentes debían tener buena reputación, estar llenos del Espíritu y de sabiduría, y ser aprobados por el pueblo.

---

*Lección de liderazgo:* cuando no se le da lugar a la delegación, por lo general se debe a una de las siguientes barreras:
1. **No hay tiempo suficiente.** A veces, los líderes creen que no tienen suficiente tiempo para explicar adecuadamente una tarea

o enseñar una habilidad. El entrenamiento es lento y complicado, pero hay grandes recompensas. Si delegas, eventualmente tendrás aún más tiempo para invertir en más personas.

2. **Inseguridad.** Algunos líderes creen que cuanto más hacen, más "valiosos" son para la iglesia. Temen perder protagonismo si otros comienzan a hacer lo que el líder ha estado haciendo. Creen que su valor se basa en lo que producen personalmente. Se trata de un ministerio ineficaz "basado en obras," que no es ni eficaz ni bíblico.

3. **No entender el valor de equipar a los demás.** Cuando Pablo proporciona la descripción del trabajo de un pastor en Efesios 4, dice que los pastores deben "preparar al pueblo de Dios para que lleve a cabo la obra de Dios." Cuando los líderes eligen desempeñar el papel de cada parte del cuerpo, niegan una verdad fundamental de que el cuerpo está compuesto de muchas partes. Si parece que no hay nadie a quien delegar, ore para que Dios le ayude a identificar líderes potenciales. Luego, invierta en ellos para que puedan llegar a ser líderes eficaces y responsables.

4. **Expectativas poco realistas.** En algunas iglesias, los pastores han hecho la peor parte de la obra durante tanto tiempo que la congregación puede ver el delegar responsabilidades como una excusa de la responsabilidad, diciendo: "Le pagamos al pastor para que haga eso". Los líderes de la Iglesia deben tener el valor y la paciencia para cambiar esa mentalidad mediante la enseñanza bíblica y la capacitación eficaz.[16]

## Preguntas para el desarrollo del liderazgo

1. ¿Hasta qué punto su responsabilidad de liderazgo implica el resolver conflictos? ¿Cómo podría ser más eficaz en esta área?

2. ¿Quién lo asesora y aconseja a usted regularmente en situaciones de su vida? ¿Busca usted intencionalmente a esas personas?

3. ¿Cuál es la mejor manera de protegerse contra el agotamiento de sus reservas espirituales, relacionales, físicas o emocionales?

4. Las personas a las que usted sirve, ¿cómo evaluarían sus habilidades para delegar?

5. ¿Por qué algunos líderes tienen dificultad para reconocer sus debilidades y cansancio?

6. ¿Qué le impide a usted delegar más de lo que lo hace actualmente?

— DIECISIETE —

# MONTE SINAÍ: EL LUGAR DONDE LOS LÍDERES SE ENCUENTRAN CON DIOS

*El SEÑOR hablaba con Moisés cara a cara, como cuando alguien habla con un amigo*
Éxodo 33:11

Moisés asciende varias montañas a lo largo de su vida. El líder de Israel sube hasta Horeb, Sinaí, Pisga y Nebo. Pero ninguno es más significativo que el monte Sinaí, una montaña que Moisés sube varias veces a lo largo de su viaje.

Después del milagro de la liberación en el Mar Rojo, Moisés comienza el viaje de regreso al monte Sinaí, donde se encontró por primera vez con Dios. El viaje de 306 kilómetros tomará tres meses. Una vez que los israelitas lleguen al monte Sinaí, armarán sus tiendas al pie de la montaña durante los próximos once meses.

El Sinaí es un lugar de gran significado para Moisés. Es aquí, según la tradición, donde cuarenta años antes Moisés había conocido a Séfora, su esposa. Y es aquí, pocos meses antes de llevar a los israelitas a este lugar, donde Moisés encontró a Dios por primera vez. Aquí oyó la voz de Dios, quien le habló desde la zarza ardiente.

## MONTE SINAÍ

Cuando Dios le habla a Moisés desde la zarza ardiente, le da una promesa alentadora: "Yo estaré contigo. Y esta es la señal para ti de que yo soy quien te envía: cuando hayas sacado de Egipto al pueblo, adorarán a Dios en este mismo monte" (Éxodo 3:12, NTV). Esta promesa se cumple cuando los israelitas llegan al "monte de Dios." Cincuenta y nueve capítulos estarán dedicados a su experiencia en el monte Sinaí.[1] Aquí, Moisés recibirá la ley, construirá el tabernáculo y sus muebles, se establecerá el sacerdocio, se contará al pueblo y se organizarán las tribus para marchar a Cades-Barnea.

En la mañana del tercer día después de la llegada de los israelitas al Sinaí, tal como Dios le había dicho a Moisés y como Moisés le había dicho al pueblo, el campamento se despierta repentinamente con visiones extrañas y sonidos temibles. El trueno hace que la montaña tiemble violentamente y los rayos destellan en su cima. La cumbre está cubierta por una espesa nube, y el sonido del cuerno del carnero crece en intensidad hasta que no sólo lo oyen con sus oídos, sino que también lo sienten en sus huesos. Mientras los israelitas salen de sus tiendas, miran hacia arriba para ver el humo ondeando desde la montaña "como el humo que sale de un horno de ladrillos" (Éxodo 19:18, NTV). "La nube y la oscuridad, el trueno y los relámpagos, el terremoto y el fuego," dice Wiersbe, "todos manifestaron la temible grandeza de Dios y produjeron un santo temor en el corazón del pueblo."[2] En el monte Sinaí, se establecerá un temor sano y un profundo respeto por el Todopoderoso.

**Lección de liderazgo: una conciencia de la majestad de Dios es una experiencia impresionante.**

En el Sinaí los israelitas aprenderán de la majestad de Dios, y que acercarse a Dios es un asunto serio. Incluso para los israelitas, quienes tienen "posesión especial" de Dios, no pueden simplemente acercarse furtivamente ante su presencia. Dios da a conocer su presencia en el Sinaí de una manera poderosa y aterradora. Para un pueblo que canta regularmente, "Soy amigo de Dios," este pasaje nos recuerda del abrumador lado temible de Dios. La impresionante majestad de Dios y el temible esplendor de Dios obligan a una profunda reverencia y temeroso asombro.

---

Para los israelitas, alejarse del monte Sinaí es una cuestión de vida o muerte. La presencia de Dios santifica y aparta a la montaña del pueblo.[3] Moisés levanta barreras para mantener al pueblo a distancia y coloca guardias con autoridad para matar a cualquiera que rompa las barreras. "¡Mantén la distancia!", es el énfasis de Moisés.

Este mismo énfasis marcará el tabernáculo después de su construcción. La valla alrededor del tabernáculo, el velo ante el lugar santísimo, el hecho de que sólo los sacerdotes pueden ministrar en el tabernáculo y sólo el sumo sacerdote puede entrar en el lugar santísimo, y eso, sólo una vez al año, todo esto hará que los israelitas recuerden el lado santo de Dios.

De hecho, es posible que el Monte Sinaí proporcione el plano básico tanto para el futuro del tabernáculo como del templo.[4] El Monte Sinaí tiene tres zonas (la base, la montaña como tal, y la cima de la montaña) que corresponden a las tres áreas del tabernáculo (el patio, el lugar santo y lugar santísimo). Se permite a las personas el acceso al pie de la montaña y al patio. Sólo se permite la entrada de líderes selectos a la montaña o al lugar santo. Y sólo un mediador (Moisés o el sumo sacerdote) puede entrar en la cima de la montaña o en el lugar santísimo.

En el Monte Sinaí, los israelitas se vuelven cada vez más conscientes de la santidad de Dios. Se establecen límites para evitar que los rebaños y las manadas pasten en las laderas de esa montaña especial. La ropa debe lavarse cuidadosamente. Solamente Moisés es llamado a la cima de la montaña.

Dios parece estar enseñando al pueblo acerca de la distancia entre un Dios santo y los hombres y mujeres pecadores, así como del peligro de precipitarse presuntuosamente en la presencia del Señor. Más tarde, Nadab y Abiú olvidarán este principio, y sus muertes servirán como recordatorio para el resto de los israelitas.[5]

---

*Lección de liderazgo:* **mientras que el Antiguo Testamento enfatiza la distancia (la trascendencia) de Dios, el Nuevo Testamento enfatiza la cercanía (la inmanencia) de Dios.**

En Jesucristo, Dios se hace carne y viene a morar en la tierra. Su nombre es "Emanuel (que significa 'Dios está con nosotros')" (Mateo 1:23, NTV). El escritor del libro de Hebreos propone: "Acerquémonos" (Hebreos 10:22), hace una invitación a experimentar la inmanencia de Dios, así como su trascendencia. Ahora, debido a lo que Jesucristo hizo por nosotros, todos tienen acceso a Dios.

---

En Éxodo 19, con Israel acampando frente a la montaña, Moisés sube la montaña para encontrarse con Dios. Hará este viaje muchas veces. Durante los próximos meses, sus pasos marcarán un camino hacia arriba y hacia abajo de la montaña de Dios. Cada vez, que Moisés asciende a la cima de la montaña desaparece en una nube espesa y en un fuego consumidor. De ida y vuelta, arriba y abajo, representando al pueblo a Dios, y luego a Dios al pueblo. El Sinaí es el lugar donde el líder se encuentra con Dios. Y no es sólo que Moisés sube, sino que Dios baja.

---

*Lección de liderazgo:* **los líderes se benefician de un lugar especial para reunirse regularmente con Dios.**

Para reunirse regularmente con Dios, necesita un lugar identificable y accesible, un lugar al que pueda ir todos los días. Ese lugar se volverá especial no por la ubicación, sino por la relación que se desarrolla allí.

---

El tiempo de Israel en el Monte Sinaí es una experiencia moldeadora y formativa para la nación. Meyer dice: "Llegó allí un pueblo fugitivo y desorganizado; salió del lugar como una nación poderosa en la matriz de batalla, provista de un sistema sacerdotal que duraría siglos, como un tipo del sacerdocio de Cristo y sus santos, y provisto de un código de leyes y promulgaciones sanitarias que han sido un modelo para los pueblos más civilizados del mundo."[6]

## Preguntas para el desarrollo del liderazgo

1. ¿Cómo describiría usted la majestad de Dios?

2. ¿Tiene usted un lugar especial en donde se reúne regularmente con Dios? Si no es así, ¿en dónde encontraría un lugar así?

## — DIECIOCHO —
# LOS DIEZ MANDAMIENTOS: LAS PRIMERAS TABLAS

*"En el monte, Moisés recibió la base fundamental de las leyes de esta nación*
*... Si no tenemos una base moral fundamental, finalmente terminaremos con un gobierno totalitario que no cree en los derechos para todos, excepto los del Estado."*

Harry S. Truman[1]

Mientras Israel acampa en la base del Monte Sinaí, Dios convoca a Moisés a la montaña y le habla del pacto. Hasta este momento, todo lo que Dios le dio a los israelitas fue gratis. Ahora, Dios quiere algo a cambio: un pacto, un contrato formal que llama a los israelitas a obedecer la ley de Dios.

Dios da tres diferentes tipos de ley en Éxodo 19-40. El primer tipo de ley (capítulos 19-20) es la ley moral, que está encarnada en los Diez Mandamientos. El segundo tipo de ley (capítulos 21-24) es la ley civil, que incluye las leyes que rigen la forma en que la teocracia de una nación debe funcionar. El tercer tipo de ley (capítulos 25-40) es la ley ceremonial. Esta es la ley religiosa, que indica cómo se va a construir el tabernáculo y cómo se deben llevar a cabo varias ceremonias. La ley ceremonial también se detalla en el libro de Levítico.

Estos tres tipos de ley —moral, civil y ceremonial— nos plantean una pregunta hoy: ¿Cuánto de las leyes del Antiguo Testamento aún deben observarse? El punto de vista aceptado es que la ley moral nos vincula a todos nosotros y la debemos observar porque brota del carácter de Dios y es la base misma de la civilización. Si se ignora la ley moral de Dios, la civilización se desmorona. Este punto de vista también sostiene que el derecho civil no es vinculante hoy en día. Se le dio a una nación única —Israel— en ese momento era una teocracia, una nación gobernada por Dios. Esta opinión sostiene que los gobiernos civiles deben establecer sus propias leyes. Por último, se acepta que no necesitamos honrar la ley ceremonial porque ya se ha cumplido en Jesucristo, y por lo tanto no estamos obligados a conservarla.

Por lo tanto, vamos a dirigir nuestra atención a la ley moral, que tiene más relevancia hoy en día. Los Diez Mandamientos, también conocidos como el Decálogo (las diez palabras), son el corazón de la ley moral de Dios.[2] Estos mandamientos representan el comportamiento dirigido por Dios, empoderado por Dios y que refleja a Dios, lo que nos distingue como el pueblo de Dios.

Admirados por su brevedad y lenguaje impecable, los Diez Mandamientos codifican en un puñado de palabras el comportamiento humano apropiado, generación tras generación, siglo tras siglo. Los mandamientos son relevantes, sencillos, al punto y fáciles de entender. Un israelita podía recitarlo con sus diez dedos.

Los mandamientos revelan cómo los israelitas han de vivir como el pueblo redimido de Dios. "Declarados en los absolutos, como la voluntad irrefutable de Dios,"[3] proporcionan "guía práctica para la persona común."[4] En resumen, los Diez Mandamientos son instrucciones de Dios a su pueblo sobre cómo vivir en comunidad. Proporcionan límites dados por Dios para la vida y están destinados a evitar que nos hagamos daño.

Más que una lista de reglas que nos ayudan a mantener unida a la sociedad, Enns dice que también son "el medio por el cual el orden divino del caos a nivel cósmico se realiza en la esfera social, por lo que la voluntad de Dios se hace en la tierra como en el cielo."[5]

## La primera tabla: amar a Dios

Los Diez Mandamientos comienzan con Dios y nuestra relación con Él. Todo comienza con Dios, incluyendo cualquier relación correcta que tengamos con otras personas. Los primeros cuatro mandamientos (Éxodo 20:1-11) definen nuestras responsabilidades en sentido vertical con Dios al amarlo con todo nuestro corazón, alma y fuerza.[6] Los últimos seis mandamientos (Éxodo 20:12-17) definen nuestros compromisos en sentido horizontal con los demás, los cuales están resumidos en Levítico con el mandamiento: "Ama a tu prójimo como a ti mismo."[7]

### #1: Dios Santo
*"No tendrás otros dioses delante de mí."*

El primer mandamiento (Éxodo 20:3) requiere que creamos en la existencia de un único Dios supremo, y "apunta al corazón de lo que significa ser el pueblo de Dios."[8] Hay un Dios–Jehová. Dios exige nuestra adoración exclusiva. Es un Dios celoso, y su insistencia en el monoteísmo es una característica única de la religión de Israel. Enns dice: "En distinción a todas las demás personas del mundo antiguo, deben adorar a un único Dios, Jehová. De este modo, la singularidad de Israel, su absoluta "santidad" y su separación frente a las naciones circundantes, se transmite alto y claro. El llamamiento a tener un solo Dios, por supuesto, es sólo para Israel".[9]

En el prefacio de los Diez Mandamientos, Dios dice: "Yo soy el Señor vuestro Dios, que os sacó de Egipto, de la tierra de la esclavitud" (Éxodo 20:2). Al hacerlo, nos recuerda que el Dios que da órdenes es también el Dios de la gracia. Ha tomado la iniciativa y ha actuado para lograr la libertad de Israel. Ha venido a liberar a su propio pueblo, pero esta libertad significa que deben separarse de la adoración de cualquier otro dios. Esto apunta al reclamo exclusivo de Dios sobre la vida de su pueblo y su exigencia de lealtad total. Von Rad sugiere que "lo que el primer mandamiento hace es la cuestión de la confianza, ¿en quién confías realmente?"[10]

---

*Lección de liderazgo:* recuerde, Dios es Dios y usted no lo es. Tampoco lo es nadie más.

Es importante estar alerta para no dar a ningún objeto, ideología o persona el lugar reservado solo para Dios. Nuestra lealtad es para Dios.

---

### #2: Santa Adoración
*"No te harás imagen."*

Si el primer mandamiento consiste en adorar al Dios correcto, "el segundo mandamiento consiste en adorar al Dios correcto de la manera correcta."[11] No debemos adorar a Dios con imágenes. No debe haber ídolos.

Los ídolos no pueden representar al Creador, ya que nada creado puede representarlo adecuadamente. Pokrifka dice: "El hecho de que sólo los seres humanos sean creados a imagen de Dios implica que sólo ellos pueden proporcionar la imagen legítima de Dios a otras criaturas, en lugar de que otras criaturas proporcionen la imagen de Dios a los seres humanos."[12]

El segundo mandamiento también habla de la separación de las prácticas de Israel de las de sus vecinos: "La adoración de ídolos de las naciones paganas no sólo era ilógica y nada bíblica, sino que era intensamente inmoral (prostitutas del templo y ritos de fertilidad), inhumana (sacrificios de hijos) y demoníaca (1 Corintios 10:10-22)".[13]

Dios le prohíbe a Israel hacer un ídolo en la forma de cualquier cosa creada. "¿Por 'ídolo,' el mandamiento se refiere a un ídolo de uno de los dioses del que se habla en el versículo 3, o incluye algún tipo de representación del propio Jehová?"[14] Enns dice que el mandamiento tiene una doble intención: Israel no debe adorar a otros dioses, ni deben adorar a Jehová de maneras que incluso se parezca a las de las otras naciones.

Las imágenes nos engañan. Son inadecuadas, introducen distorsiones, oscurecen la gloria de Dios y distorsionan la realidad de Dios. Boice dice: "Una representación de Dios es siempre menor que Dios, y en esa medida Dios es deshonrado al llevar su gloria a un nivel muy inferior."[15]

Cuando Dios emite este segundo mandamiento, incluye una promesa a los que obedecen y una advertencia a los que desobedecen. Si la gente desobedece, las consecuencias durarán mucho tiempo. Si el pueblo obedece, las bendiciones durarán aún más tiempo.

---

**Lección de liderazgo: no adore nada que haya sido creado.**

No haga un ídolo de su corporación, escuela, iglesia, equipo deportivo o de su mascota o logotipo favorito. La tentación es hacer un dios a partir de una imagen que hemos creado y luego adorarlo. Nada de lo que creamos debe ser adorado, y nada de lo que Dios creó, incluidas otras personas, nada ni nadie debe ser adorado.

---

## #3: Nombre Santo

*"No tomarás el nombre de Jehová tu Dios en vano."*

El tercer mandamiento (Éxodo 20:7) nos indica que tratemos el nombre de Dios con el máximo respeto. El nombre de Dios debe ser honrado, no mal utilizado, porque el nombre de Dios representa a Dios. Tomar el nombre de Dios en vano es asignar palabras a Dios que Dios no habló. Es hacer una mala representación del nombre de Dios. Esto no es sólo una prohibición contra el uso de lenguaje sucio. Este es un llamado a dejar que nuestras palabras reflejen el carácter de Aquel que nos creó.

*Lección de liderazgo:* no ceda a la tentación de usar el nombre de Dios para lograr sus propios propósitos.

Usar el nombre divino de maneras que propaguen o promuevan una agenda personal es usar el nombre de Dios en vano. Los líderes deben evitar la tentación de usar el nombre de Dios para poner un "sello divino de aprobación" para dar una opinión positiva. Como dice Green: "el antiguo Israel tiene prohibido convertir su religión en un arma para obtener la aprobación de la gente... Las personas que tienen un llamado de Dios o un estatus en la comunidad que los coloca en una posición de declarar de alguna manera la palabra del Señor deben tener mucho cuidado en el uso del nombre divino."[16]

## #4: El Día Santo

*"Acuérdate del día de reposo para santificarlo."*

El cuarto mandamiento (Éxodo 20:8-11) es el primero de los dos mandamientos que se indican en positivo (el otro es el quinto mandamiento). "Recordar" el día de reposo requiere que apartemos un día de cada siete para descansar. Según Éxodo 20:11, Dios descansó en el séptimo día después de crear el cielo y la tierra y todo lo que hay en ellos. Como Dios descansó y santificó el séptimo día, así los humanos han de descansar y santificar el día. Génesis 2 revela que la obra humana es la participación con Dios en la obra de la creación, manteniendo la tierra hermosa y productiva. Pokrifka dice: "El mantenimiento del sábado es un acto de mantenimiento de la creación".[17]

El día de reposo, en el Antiguo Testamento, no se entiende principalmente como el día en que se lleva a cabo algún servicio especial de adoración. Más bien, es principalmente un día para dejar de trabajar. Van Rad se refiere al día de reposo como "un sacrificio de descanso"[18] y añade: "El día de reposo es el día de descanso; para el descanso se ha nombrado y para nada más.[19] El día de reposo es un día en que una persona no lo llena de las actividades habituales. Más bien, es un día "que uno devuelve a Dios limpio y sin usar."[20] Todos, ricos y pobres, esclavos y libres deben observar el día de reposo. Todos deben descansar de su trabajo.

---

**Lección de liderazgo:** el día de reposo es la forma en que la humanidad se recalibra semanalmente para un ritmo saludable.

Lo último que Dios creó antes de descansar fuimos nosotros, lo que significa que nuestro primer día completo en la tierra fue el día de reposo. Lo primero que hicimos como criaturas fue descansar con Dios. No porque Dios estuviera cansado, sino porque a eso es lo que lo llamó completo, santo y bueno. "Al descansar en el séptimo día, Israel no sólo está siguiendo el mandamiento de Dios, sino que en realidad sigue la dirección de Dios."[21]

El día de reposo es un día de estabilidad, un día en el que la vida está sintonizada al ritmo de la creación. Está diseñado para ser un día de serenidad indiscutible, el logro de la paz en el diseño de la vida.

Vinculado a la creación y la recreación, el "Sabbat" proporciona un ritmo a la vida y establece una semana de siete días. El séptimo día es "santo," apartado, diferente de los otros seis. Pertenece enteramente a Dios. De la misma manera en que Israel debe traer el tributo de sus rebaños, deben traer un tributo de su tiempo.

Líderes capaces hacen tonterías cuando están demasiado fatigados y agotados físicamente. El día de reposo ayuda a asegurar que eso no suceda al mantener un ritmo divinamente inspirado de trabajar y descansar.

---

El descanso del día de reposo no sólo está diseñado en el ritmo de una semana, sino también en el ritmo de los años. En el Antiguo Testamento, encontramos la orden de dar descanso a la tierra cada siete años.[22] Y el quincuagésimo año, (después del séptimo año sabático), es el Año del Jubileo. Pokrifka dice: "Los años del día de reposo y del jubileo reflejan el estado ideal de existencia en paz, descanso, libertad, provisión y adoración que los seres humanos disfrutaron en el momento de la creación y disfrutarán en la eternidad."[23] La ley del año sabático también ordenó la emancipación de los esclavos,[24] cancelación de la deuda,[25] y el barbecho de la tierra.[26]

## Preguntas para el desarrollo del liderazgo

1. ¿Qué autoridad tienen los Diez Mandamientos hoy en día?

2. ¿Qué efecto tiene el guardar (o romper) los Diez Mandamientos en la sociedad?

3. ¿Cómo influye su práctica de guardar el día de reposo en su liderazgo?

— DIECINUEVE —

# LOS DIEZ MANDAMIENTOS: LAS SEGUNDAS TABLAS

*Ningún hombre puede romper ninguno de los Diez Mandamientos. Solo puede romperse contra ellos.*

G. K. Chesterton

Una leyenda dice que en la primera tabla que Moisés recibe contiene los primeros cuatro mandamientos. Esos mandamientos son particularmente verticales en la naturaleza, y tratan de nuestra conducta hacia Dios. La segunda tableta contiene los últimos seis mandamientos. Esos mandamientos son particularmente horizontales en la naturaleza, y tratan de nuestra conducta hacia nuestro prójimo. Los últimos seis mandamientos abordan lo que significa vivir en comunidad.

Para Jesús, toda la ley se resume en el llamado a amar a Dios y amar a los demás.[1] Esta es la esencia de la vida santa. Los últimos seis mandamientos nos llaman a honrar profundamente a los demás y a sus bienes.

## # 5: Honra a tus Padres

*"Honra a tu padre y a tu madre."*

El quinto mandamiento (Éxodo 20:12) aborda la relación más básica de las relaciones humanas: la relación entre padres e hijos. Esta relación es el comienzo de la sociedad.

El respeto por los padres es una virtud universal, valorada por todas las culturas. Hay dos implicaciones principales de este mandamiento: En primer lugar, los hijos deben obedecer las instrucciones de sus padres. En segundo lugar, ellos tienen la responsabilidad por los padres ancianos. El quinto mandamiento nos dice que sostengamos a nuestros padres en alta estima en todo momento y que nos relacionemos con ellos con dignidad y deferencia. Debemos cuidarlos en su vejez.

Este mandamiento es el primero en venir con una promesa. Dios dice que honremos a nuestros padres "para que tus días se alarguen en la tierra que Jehová tu Dios te da" (Éxodo 20:12, RVR1960). A medida que cada generación honra y cuida a los padres, las perspectivas de una buena vida para la cultura en su conjunto aumentan significativamente. Una sociedad que honre y cuide a sus miembros mayores experimentará bendiciones.

---

*Lección de liderazgo:* gran parte de la sociedad depende de lo que se enseña y se aprende en el hogar.

La relación temprana entre padre e hijo es donde primero se aprende respeto, obediencia y comportamiento apropiado. También es donde los niños aprenden a honrar la autoridad. A medida que los padres y los hijos envejecen, la relación a menudo evoluciona de la dependencia, a la interdependencia, a la independencia, y luego, finalmente, de nuevo a la dependencia. Un profundo respeto y aprecio amoroso deben marcar todas estas etapas.

---

### # 6: Honra la Vida
*"No matarás."*

Nos preguntamos qué profundo recuerdo emocional se movió dentro de Moisés cuando vio el sexto mandamiento grabado en la tabla de piedra. Cuando Dios dijo: "No matarás," ¿recordó Moisés esa tarde de sangre caliente en Egipto cuando le quitó la vida al egipcio? En el sexto mandamiento (Éxodo 20:13), Dios ordena no matar. La violencia trae el caos a una sociedad, y la violencia suprema es el asesinato, que la Biblia trata con gran seriedad. La vida humana es sagrada y no debemos quitarla en venganza.

Esto no es una prohibición contra *cualquier* forma quitar la vida humana; *asesinato* se diferencia de *matar*. Hay asesinatos legítimos e ilegítimos en el Antiguo Testamento. Kirsch dice que este mandato "no es una prohibición completa en contra de quitar la vida humana; el verbo utilizado en el texto hebreo se refería específicamente a un tipo de asesinato que exigía venganza de sangre.[2] La prohibición aquí no incluye matar en la guerra, la ejecución judicial o la autodefensa."[3] Este mandamiento prohíbe estrictamente matar con premeditación y malicia.

### *Lección de liderazgo: Dios nos llama a honrar la vida.*

El mandamiento de decir no al asesinato es en esencia un llamado a decir sí a la vida.. Pokrifka dice: "Dondequiera que la vida esté en peligro (debido a la guerra, la violencia, la falta de refugio y alimento, y la falta de atención médica adecuada), este mandamiento convoca al pueblo de Dios a sostener la vida y a reflexionar sobre todas las implicaciones y desafíos de su llamado... Este mandamiento nos llama a ser dadores y no a tomar la vida."[4]

### # 7: Honre el matrimonio
*"No cometerás adulterio."*

El séptimo mandamiento (Éxodo 20:14) prohíbe el adulterio. Dios estableció la institución del matrimonio en el Jardín del

Edén,[5] y la relación matrimonial entre un hombre y una mujer será la metáfora más utilizada para describir la relación de convenio entre Dios e Israel, así como entre Jesús y la iglesia. La salud de la sociedad depende de la salud de las familias de esa sociedad. La fidelidad al convenio matrimonial es una clave para las familias fuertes y saludables. Existe un estándar bíblico para la expresión sexual, razón por la cual "Dios quiere que se mantenga la intimidad física del vínculo matrimonial."[6] Pokrifka dice que, a diferencia de otras sociedades, este mandamiento llama a los israelitas a la castidad y fidelidad conyugal. "La intención del mandato es prohibir todas las relaciones sexuales extramatrimoniales para hombres casados/prometidos y mujeres casadas/prometidas y todos los hombres y mujeres solteros."[7]

**Lección de liderazgo:** el pueblo de Dios está llamado a la fidelidad en todas las relaciones, y en particular, a la fidelidad en el matrimonio.

La fidelidad en la relación entre el esposo y la esposa debe reflejar la fidelidad en la relación que Dios tiene con su pueblo. La fidelidad a la relación matrimonial, tal vez más que cualquier otra, revela el carácter de un líder.

Moisés nunca podría haber anticipado cuán significativo sería ese mandamiento para nuestra cultura. A medida que el concepto de matrimonio se debate, redefine y, en algunos casos, se desestima por completo, el matrimonio sigue siendo una relación primaria a través de la cual el pueblo de Dios puede dar testimonio al mundo. El matrimonio puede ser una de las áreas más significativas donde se necesita liderazgo espiritual.

## # 8: Honre la Propiedad
*"No hurtarás"*

El octavo mandamiento (Éxodo 20:15) se puede resumir fácilmente: "¡No robar!" Este mandato prohíbe el robo, la malversación y también la deshonestidad en los negocios.[8] Tomar sin autorización la posesión de otro es incorrecto. Este comportamiento hace violencia a la paz de la comunidad.

---

*Lección de liderazgo:* tomar de otro lo que no es legítimamente suyo es doblemente incorrecto.

Primero, robarle a su prójimo socava la provisión de Dios para ellos. Segundo, robarle a su prójimo es dudar de la capacidad de Dios para satisfacer sus necesidades.

Los líderes que sucumben a la tentación de tomar lo que no les pertenece no sólo arruinan su propia reputación, sino que también dañan las instituciones que representan y están llamados a servir. Esto es cierto si la organización es una empresa, una institución de educación superior, el gobierno o una iglesia. Además de no robar, los líderes también deben tomar medidas para asegurarse de que se establezcan los controles y equilibrios adecuados para evitar que otros roben.

---

## # 9: Honre la Verdad
*"No hablarás contra tu prójimo falso testimonio" (Éxodo 20:16, RVR1960).*

El noveno mandamiento (Éxodo 20:16) también se resume fácilmente: "¡No mientas!" La verdad es esencial para la administración de la justicia. Los falsos testigos son condenados universalmente en las culturas antigua y moderna.

Este mandamiento se refiere no a mentir en general, sino específicamente a dar falso testimonio en la corte.[9] Aun así, el mandamiento tiene implicaciones mucho más allá de la sala del tribunal. Los individuos y las instituciones son capaces de crear una narrativa que sirva a agendas egoístas más que a la verdad. Cuando los hechos se distorsionan en cualquier ámbito, la justicia se pervierte y la sociedad sufre.

*Lección de Liderazgo:* **mentir pone en peligro a las comunidades.**

La proclamación de la verdad es una afirmación de la realidad. La falsedad, la creación del engaño crean una realidad falsa. La narración de la verdad es primordial para la salud y el bienestar de las comunidades, organizaciones, familias e iglesias.

## # 10: Honre La Satisfacción
### *"No codiciarás"*

El último de los mandamientos (Éxodo 20:17) se centra más en la actitud que en el comportamiento. La codicia no es un delito que pueda ser procesado de la misma manera que el robo o el perjurio. La codicia es una actitud del corazón.

Codiciar es anhelar las posesiones de los demás. Es estar insatisfecho e ingratos por lo que Dios les ha proporcionado, y en su lugar desear lo que Dios le ha proporcionado a su prójimo, a menudo llevándolos a tratar de obtener esa cosa.

¿Qué es lo opuesto a la codicia? Satisfacción. Green dice: "En última instancia, la codicia es una vida sin gratitud por los dones oportunos que uno mismo y el prójimo reciben. Carece de la creencia básica en la historia de la providencia y la benevolencia de Dios".[10] También me gusta cómo lo explica Pokrifka. Dice que la codicia es lo opuesto a hacer convenios. "La codicia termina en adquisiciones ilegales, mientras que el convenio conduce al trato amoroso y cariñoso del prójimo y de sus bienes."[11]

---

*Lección de liderazgo:* **la actitud de un líder eventualmente resultará en acciones.**

Por eso es importante que proteja su corazón. La autoconciencia, una atención plena de las actitudes de tu corazón, puede ayudarle a abordar los sentimientos destructivos antes de que den el fruto de acciones desastrosas.

Los Diez Mandamientos son expectativas de cómo debe comportarse el pueblo de Dios. Estas leyes se basan en el carácter de un Dios santo. La nación pagana puede mentir, pero el pueblo de Dios es honesto porque Dios es la verdad. Las naciones paganas pueden robar, pero el pueblo de Dios honra las posesiones de los demás porque vemos las posesiones como dones de la mano de Dios. La nación pagana puede practicar la infidelidad a sus cónyuges, pero el pueblo de Dios practica la fidelidad al convenio porque Dios es fiel.

---

Dios pasa cuarenta días y cuarenta noches revelando la ley a Moisés en el Monte Sinaí. Y cuando termina, le da a Moisés un par de tablas de piedra en las que se inscriben "las diez palabras," cada una "escrita con el dedo de Dios" (Éxodo 31:18). Moisés toma las dos tablas nuevas en la mano y se dirige de la montaña a la gente. Pero antes de que Moisés llegue al pie de la montaña, los Diez Mandamientos serán rotos, y en más de un sentido.

## Preguntas para el desarrollo del liderazgo

1. ¿Por qué Dios gasta más de la mitad de los Diez Mandamientos instruyéndonos sobre nuestras relaciones con los demás?

2. ¿Por qué la fidelidad conyugal es tan importante para Dios? ¿Cuáles son los niveles más profundos de fidelidad que se pueden exhibir en esta área?

3. ¿Qué reflejan los Diez Mandamientos acerca de la naturaleza y el carácter de Dios?

— VEINTE —

# EL BECERRO DE ORO: ADORACIÓN PROFANA

*"La historia del becerro de oro trata sobre la tendencia humana de creer que los objetos hechos por el hombre pueden resolver nuestro miedo, ansiedad, sensación de pérdida, desesperación y desesperanza."*

C. Andrew Doyle[1]

Nos preguntamos qué estaba pensando Moisés mientras bajaba por la montaña, sosteniendo las dos tablas de la ley en sus brazos. Había escalado la montaña acompañado por Aarón, sus dos hijos y los setenta ancianos de Israel. Allí, en la montaña, adoraron y experimentaron la presencia de Dios de una manera extraordinaria.[2] Entonces Moisés fue llamado a subir más arriba de la montaña con su ayudante, Josué, para reunirse con Dios.

Mientras Moisés está experimentando el esplendor de la presencia de Dios en la montaña, Dios hace un anuncio angustioso: "¡Baja ya de la montaña! Tu pueblo, el que sacaste de la tierra de Egipto, se ha corrompido" (Éxodo 32:7, NTV). Al igual que lo que sucede siglos después en el Monte de la Transfiguración,[3] Moisés pasará de la majestuosidad en la montaña al desorden en el valle.

Mientras Moisés baja la montaña, oye un sonido extraño proveniente del campamento. Josué el líder militar, confunde el ruido con el sonido de la guerra. La conmoción, sin embargo, resulta ser algo aún más inquietante. Es el sonido de la juerga obscena. El pueblo desesperado por la tardanza de Moisés le exige a Aarón que haga dioses para que los guíe. Se impacientaron y dijeron: "No sabemos qué le sucedió a ese tipo, Moisés, el que nos trajo aquí desde la tierra de Egipto" (Éxodo 32:1, NTV). Aarón, aparentemente más ansioso por complacer a las personas que por complacer a Dios, cede a su demanda.

---

*Lección de liderazgo:* la madurez de un grupo puede evaluarse, en parte, por cuánto tiempo puede tolerar la ausencia del líder antes de que se establezca el caos.

Para los israelitas, cuarenta días es su límite. Después de cuarenta días, el grupo se vuelve disfuncional. Algunos seguidores exigen la presencia de un líder para poder comportarse bien. Israel no sabía cómo vivir por fe y confiar en Dios sin un líder presente.

"Espera en el Señor" es un valioso consejo tanto para los líderes como para los seguidores. La falta de paciencia puede conducir a la desobediencia espiritual. Buscar soluciones rápidas a menudo conduce a consecuencias desafortunadas. La paciencia para esperar el momento adecuado para actuar es un don de liderazgo tan valioso como la capacidad de reconocer cuál es el momento adecuado. Por supuesto, nunca es el momento adecuado para hacer lo incorrecto.

---

Moisés estuvo en la montaña durante mucho tiempo, cuarenta días. Mientras Moisés está en la montaña, los israelitas deciden que es preferible crear una imagen de Dios antes que Dios mismo. Cuando le piden a Aarón que haga un dios, Aarón los acomoda.

Sorprendentemente, el pueblo responde de buena gana, incluso con entusiasmo, a la petición de Aarón de que entreguen su oro. De su oro, Aarón forma un becerro que los israelitas proclaman ser el dios que los sacó de Egipto. Comienzan a adorar al ídolo, rompiendo con toda restricción para participar en un motín profano. El caos se hace evidente en las filas de los israelitas. Aparentemente, la adoración del ternero está acompañada de las orgías licenciosas que son una parte reconocida de la idolatría egipcia.

*Lección de liderazgo:* qué o a quién adoras determinará cómo adoras.

El becerro de oro es una imagen que se remonta a la adoración pagana egipcia. Por lo tanto, el comportamiento pagano de la injusta adoración está encarnada en los israelitas. No debería sorprender que el carácter, los rasgos y los valores del objeto de nuestra adoración también afecten la forma en que adoramos.

Cuando Moisés se acerca lo suficiente para ver al ternero y el baile, la ira que caracteriza su vida anterior estalla de nuevo. Reacciona con furia y con ira cuando ve lo que está sucediendo en el campamento y rompe las tablas sagradas, destrozándolas en pedacitos en la montaña.[4] Su acto es posiblemente simbólico: el pueblo está violando la ley de Dios, por lo que Moisés rompe las tablas de la ley como una demostración visual. Entonces declara: "Ustedes cometieron un terrible pecado" (Éxodo 32:30, NTV). Encontramos una reacción similar cuando Jesús entra en el templo y ve que el lugar de oración se ha convertido en un centro de comercio. Moisés lanza las tablas. Jesús tira mesas. La ira está justificada. La indignación es justa.

***Lección de liderazgo:*** **a menos que se resuelva el problema del pecado, éste podrá aferrarse a las personas durante generaciones.**

Este no es el único becerro de oro que Israel adorará. Esta apostasía de Israel se repetirá durante la época del rey Jeroboam, el primer rey del reino del norte, después de que la guerra civil separó a Judá y Benjamín de las diez tribus del norte. 1 Reyes 12 contiene el relato de cómo Jeroboam establece un becerro de oro tanto en Betel como en Dan. Debido a que el templo se encuentra en el sur, Jeroboam teme que aquellos en el reino del norte sean leales al reino del sur. Por lo tanto, establece dos centros de culto como rivales de Jerusalén, con terneros dorados como objetos de culto.[5] Las similitudes son sorprendentes: "Jeroboam era un pecador tan dedicado que se deleitaba en recrear el peor pecado en la memoria colectiva del antiguo Israel —el 'pecado por excelencia'— y hacerlo no menos de veintiún veces."[6]

Así como sucedió con Israel, la influencia generacional de algún pecado se ve hoy en día. La idolatría todavía se puede transmitir de padres a hijos, al igual que los prejuicios, la codicia, el abuso de sustancias y una variedad de otros pecados. Sólo Jesús tiene el poder de romper las maldiciones generacionales.

Moisés destruye al ídolo, lo muele hasta quedar polvo, lo quema, mezcla las cenizas con agua y lo vierte por las gargantas de los hombres y mujeres infieles que han estado bailando alrededor de los ídolos sólo unos momentos antes. Moisés también reprende públicamente a Aarón. Aarón responde con una excusa floja, egoísta y culpando a los demás. Primero, culpa a la gente. "Fue la idea de ellos," dice. Luego, culpa a Moisés por permanecer demasiado tiempo en la montaña. Finalmente, él le atribuye la responsabilidad al destino, afirmando haber arrojado oro en un fuego sólo para ver al ternero emerger por sí solo.

---

*Lección de liderazgo:* algunos líderes dan a las personas lo que quieren, en lugar de lo que necesitan.

Moisés baja la montaña preparado para darle a la gente lo que necesita. Entonces descubre que en su ausencia Aarón les ha dado lo que quieren. Tal vez esa sea una de las razones por las que Dios escogió a Moisés y no a Aarón. El pueblo de Dios no puede permitirse líderes que no saben la diferencia entre necesidades y deseos.[7]

---

La gente está fuera de control, y Aarón es responsable por permitirlo. Con el fin de restablecer el orden, se tomarán medidas drásticas. Moisés pregunta: "¿Quién está del lado del Señor?" y los levitas responden reuniéndose al lado de Moisés listos para cumplir sus instrucciones. A petición de Moisés, los levitas recogen sus espadas y comienza una purga de los israelitas. El pecado de la idolatría será tratado con severidad. Matan a tres mil personas. Los levitas cumplen con su sombrío deber, sin duda apuntando a los cabecillas de la orgía. La anarquía ha terminado.

Al día siguiente, cuando el pueblo comprende la terrible situación y está lleno de luto por las tumbas recién hechas, la indignación de Moisés da paso a la amarga tristeza y piedad. Regresa penosamente a la montaña, esta vez para interceder en nombre de su pueblo.

Dios está lo suficientemente enojado como para matar a Aarón, pero Moisés intercede por su hermano.[8] Debido al pecado de Israel, Dios determina no acompañarlos más.[9] Debido a que los israelitas son de dura cerviz y Dios podría estar tentado a destruirlos en el camino, decide enviar un ángel con ellos en lugar de ir Él mismo.

## EL BECERRO DE ORO

Pero Moisés le recuerda a Dios que rechazar a Israel en este punto causará implicaciones generalizadas, incluyendo una pérdida del significado del Éxodo, dando a los enemigos de Israel una razón para regocijarse.

Luego, Moisés le pregunta a Dios si ha olvidado su convenio con Abraham. Y cuando Moisés nombra a los patriarcas, dice: "Abraham, Isaac e Israel" (Éxodo 32:13), no Jacob, que es lo que se suele decir. Moisés usa el nuevo nombre de Jacob, Israel, porque ese es el nombre del convenio del pueblo por el que Moisés está suplicando. Moisés le recuerda a Dios las diversas promesas que ha hecho a los patriarcas, y que Dios está a punto de destruir a un pueblo con quien Dios ha hecho el convenio.

Por último, Dios dice: "Los destruiré y te salvaré." Pero Moisés responde diciendo: "Sálvalos y destrúyeme,"[10] ofreciéndose a hacerse un sustituto. Esta es una poderosa intercesión. Moisés interviene por los israelitas, convirtiéndose en su defensor y "abogado defensor". En respuesta a la intercesión de Moisés, Dios se aparta de su ira.

Enns dice: "Si queremos señalar el episodio que hace que Moisés sea verdaderamente especial, que lo hace merecedor de todo el honor, de atención y el respeto que ha recibido a través de los siglos, es su protección, a un pueblo desagradecido, librándolos del fin que sin duda merecen, incluso si eso significa tomar su lugar y soportar todo el peso, el horror y la ignominia de la ira de Dios. El mundo no volverá a ver esto durante muchas generaciones."[11] Algunos eruditos bíblicos ven la intervención de Moisés como un tipo de Cristo. "El acto de intercesión sin precedentes de Moisés, ofreciendo su propia vida por el bien de los israelitas, prefigura la intercesión última que Cristo hace para la humanidad pecaminosa al entregarse por completo como sacrificio expiatorio."[12]

*Lección de liderazgo:* **los buenos líderes interceden por su pueblo.**

Los líderes responsables pondrán las necesidades de las personas a las que sirven por encima de sus propias necesidades. Moisés proporciona un ejemplo inspirador de este tipo de liderazgo. Es un buen pastor que hace de las necesidades de las ovejas una prioridad. Cuando Moisés rechaza la oferta de Dios de convertirlo en el único sobreviviente y de iniciar una nueva nación con él, nos muestra que el liderazgo tiene que ver con la responsabilidad, no con el privilegio. Los líderes interceden por su pueblo cuando están en riesgo.

Dios le ordena a Moisés esculpir las dos tablas frescas de piedra para que Dios las escriba. Moisés, con las tablas en mano, una vez más asciende a la montaña, donde se queda otros cuarenta días y cuarenta noches. Moisés y su pueblo se beneficiarán del Dios que da segundas oportunidades.

## Preguntas para el desarrollo del liderazgo

1. ¿De qué manera es evidente la "influencia generacional del pecado" hoy en día?

2. Como líder, ¿cómo intercede usted por aquellos a quienes sirve?

3. ¿Qué podría ser identificado como "vacas sagradas" (becerros de oro) en su comunidad de adoración?

— VEINTIUNO —

# LA HENDIDURA DE LA ROCA: MUÉSTRAME TU GLORIA, SEÑOR

*Roca de la eternidad,
fuiste abierta para mí,
sé mi escondedero fiel.*

**Augustus Toplady[1]**

Todo el mundo necesita un lugar para reunirse regularmente con Dios, y Moisés tiene tal lugar: la "tienda de reunión." Cada vez que Moisés entra en la tienda de reunión, la cual se encuentra fuera del campamento, el pilar de la nube baja frente a la puerta de la tienda y Dios le habla allí "como uno habla a un amigo" (Éxodo 33:7-11). Josué también frecuenta la tienda de reunión con Moisés, y por lo general permanece allí incluso después de que Moisés se va.

En Éxodo 33, Moisés entra en la tienda de reunión y hace tres peticiones a Dios. Su primera petición es tener un mayor conocimiento de Dios. Moisés quiere conocer a Dios, sus caminos y su favor. Buscando esta conciencia más íntima, Moisés pregunta: "Si es cierto que me miras con buenos ojos, permíteme conocer tus caminos, para que pueda comprenderte más a fondo y siga gozando de tu favor" (Éxodo 33:13, NTV).

*Lección de liderazgo:* **aquellos que dirigen al pueblo de Dios deben desear conocer íntimamente a Dios y sus caminos.**

Moisés ya conoce a Dios, pero quiere conocerlo con aún más familiaridad. Los líderes crecen en su comprensión de Dios y sus caminos al pasar regularmente tiempo con Dios en oración y comprometerse con Dios a través de su Palabra.

La segunda petición de Moisés es que la presencia de Dios acompañe a los israelitas en su viaje. Dios ha dicho que enviará a su ángel con los israelitas, pero que Él mismo no irá con ellos. Moisés pide que Dios mismo acompañe a su pueblo y que no sólo envíe un ángel para ir con ellos, declarando: "Si tú mismo no vienes con nosotros, no nos hagas salir de este lugar" (Éxodo 33:15, NTV). Es como si Moisés estuviera diciendo: "Prefiero quedarme aquí en el desierto por el resto de mi vida que ir a Canaán sin ti." El Señor acepta conceder la petición de Moisés, prometiendo no sólo su presencia, sino también su descanso. El descanso prometido a Moisés no es el descanso de Canaán; es el descanso de la presencia divina. La promesa de la presencia de Dios es un don que brinda una seguridad que da confianza.

*Lección de liderazgo:* **hay una conexión significativa entre la presencia de Dios y la capacidad de un líder para descansar en esa seguridad que da confianza.**

La presencia de Dios es esencial, y también lo es el descanso que la presencia de Dios provee. Moisés no está dispuesto a experimentar la leche y la miel de Canaán si significa la bendición de Dios sin la presencia de Dios. Reconoce que la mayor bendición de la vida no son los dones que Dios puede proporcionar; la mayor bendición de la vida es el sentido de la presencia de Dios.

Además, cuando Dios le promete a Moisés su presencia, también promete su descanso. La importancia del descanso para los líderes no puede ser exagerada. La importancia del descanso es tan aplicable hoy como lo fue en la época de Moisés.

---

La tercera petición de Moisés es experimentar la gloria de Dios. Moisés respondió: "Te suplico que me muestres tu gloriosa presencia" (Éxodo 33:18, NTV). La gloria de Dios es la manifestación de su magnífica presencia. Moisés quiere experimentar la demostración intensa y visible de la presencia de Dios.

Dios responde anunciando que hará que su "gloria" pase por Moisés. Moisés verá la gloria de Dios, pero sólo la espalda de Dios, no su rostro. Dios coloca a Moisés en la hendidura de una roca y lo protege con su mano a medida que su gloria pasa. Si Dios quitaba su mano de cubrir a Moisés, Moisés seguramente hubiera muerto. Sin esta protección divina, Moisés no hubiera podido sobrevivir a la experiencia.

---

**Lección de liderazgo:** Dios da tanto de sí mismo como deseamos y podemos soportar.

Parece haber dos tipos de personas en el mundo: las que anhelan ver a Dios y ser vistas por él, y aquellas que, como Adán y Eva se esconden en el Jardín, anhelan no ver a Dios ni ser vistos por él. Dios revela tanto de sí mismo a Moisés como Moisés desea y puede soportar.

---

Una vez más, Moisés camina por la montaña. Sin duda esta vez su sentido de la anticipación se acentúa en gran medida. Se le ordena que cincele dos nuevas tablas de piedra. Durante cuarenta días, Moisés no come ni bebe mientras se le da la ley y los Diez Mandamientos son grabados una vez más en tablas de piedra.

**Lección de liderazgo:** *acercarse a Dios requiere esfuerzo.*
Para Moisés, acercarse significa esforzarse subiendo una y otra vez la montaña. Para nosotros, acercarnos requerirá crear intencionalmente espacio en nuestras vidas abarrotadas y detener deliberadamente nuestras agitadas rutinas.

La experiencia más íntima de Moisés con Dios ocurre en la hendidura de una roca en el Sinaí. Imaginamos que el lugar estrecho de la roca sólo permitía la entrada de rayos de luz. Sin embargo, "este rayo, penetrante denso, se absorbe en el rostro de Moisés y lo deja misteriosamente radiante."[2] Aquí, Moisés descubre que estar en la presencia de Dios es el lugar donde nunca se ha sentido más protegido, ni más vulnerable.

La intimidad que Moisés disfruta con Dios es única en el Antiguo Testamento y tendrá un efecto profundo y duradero. Cuando Moisés baja la montaña, es un hombre cambiado, incluso en su apariencia externa. Ha estado expuesto al esplendor de Dios, y algo de ese brillo permanece en su rostro. Moisés regresa de la experiencia de estar en la presencia de Dios con un resplandor posterior.

El resplandor es tan brillante que los israelitas no pueden mirarlo. Debido a que están asustados, Moisés se pone un velo para cubrir su rostro brillante, impidiendo así que el pueblo mire todo el resplandor.[3] Ese velo se convierte en un símbolo de la autoridad y la intimidad de Moisés con Dios.

***Lección de liderazgo:*** el tiempo que pasa en la presencia de Dios transforma a un líder de maneras que los demás reconocen. Como dice Craig Barnes: "Cinco minutos después del sermón de los domingos, todo el mundo puede decir si Dios y yo nos llevamos bien." Estar con Dios es una experiencia que cambia a los líderes. Cuando Moisés está con Dios, los resultados son obvios para Aarón y todo Israel. Los rayos al principio intimidan y luego atraen. Pasar tiempo con Dios es una experiencia transformadora que prepara a los líderes para un servicio más eficaz.

En 2 Corintios 3:7-18, Pablo sugiere que, aunque el velo de Moisés se utilizó originalmente para proteger al pueblo de su rostro brillante, finalmente el velo también protege a Moisés. Pablo dice que la razón por la que Moisés sigue usando el velo es para que los israelitas no vean que la gloria se está desvaneciendo. Al principio, el velo oculta la gloria. Después, el velo oculta el desvanecimiento de la gloria. Con el tiempo, el velo se convierte en una fachada, una máscara.

***Lección de liderazgo:*** los líderes deben ser apropiadamente transparentes.

Una cosa es proteger al pueblo del resplandor. Otra cosa es que Moisés impida que el pueblo se dé cuenta del desvanecimiento de ese resplandor. Los velos se convierten en máscaras cuando se utilizan para ocultar la vida de un líder. La transparencia debe valorarse por encima de las fachadas.

## Preguntas para el desarrollo del liderazgo

1. ¿En dónde está su "tienda de encuentro?"

2. ¿De qué maneras cultiva usted un mayor entendimiento de Dios?

3. ¿Cuándo fue la última vez que usted salió de su rutina para pasar tiempo a solas con Dios? ¿Cuál sería la forma en que usted pueda apartarse en el futuro?

4. ¿Qué tan transparente debería ser un líder?

— VEINTIDOS —

# BEZALEEL Y AHOLIAB: EL TABERNÁCULO

*Haz que los israelitas me construyan un santuario santo para que yo habite en medio de ellos.*

Éxodo 25:8

Durante la estadía de Moisés en el monte Sinaí, recibe instrucciones para construir el tabernáculo, una estructura portátil destinada a ser un símbolo visible de la presencia de Dios. El tabernáculo será el símbolo principal de la presencia continua de Dios con su pueblo hasta que el rey Salomón construya el templo en el monte Moriah en Jerusalén. Erigido en el centro del campamento israelita, con las tiendas del pueblo de Israel en los cuatro lados, el tabernáculo no sólo es la estructura más grande del campamento, sino también la más hermosa.

Enns, deseoso de vincular las narrativas del Éxodo con la historia de la creación, dice que pensar en "el tabernáculo como un acto de recreación cósmica es precisamente lo que la construcción del tabernáculo originalmente pretendía transmitir."[1] El esplendor de los materiales utilizados —tejidos finos, metales preciosos y piedras— reflejan la bondad del mundo creado. "Las dimensiones precisas y perfectas del tabernáculo indican una sensación de orden en medio del caos."[2]

En el día de reposo, el tabernáculo se convertirá en el lugar donde se entrelazan el "espacio santo" y el "tiempo santo." Es a la vez una representación física de la presencia de Dios y un recordatorio visible de la santidad de Dios. El tabernáculo será un lugar para adorar, un lugar para conectarse con Dios y, según Wiersbe, un recordatorio de la responsabilidad de los israelitas: "Para la nación de Israel, el tener al Señor morando en el campamento era un gran privilegio (Romanos 9:4-5) pues ninguna otra nación tenía al Dios viviente en medio de ellos. Pero el privilegio trajo consigo una gran responsabilidad porque significaba que el campamento de Israel tenía que ser un lugar santo donde un Dios santo pudiera morar."[3]

**Lección de liderazgo:** el pueblo de Dios necesita tanto el tiempo santo como el espacio santo.

Como el día de reposo es el tiempo santo, el tabernáculo es el espacio santo. "La adoración semanal del día de reposo está en tierra santa en tiempo santo, dice Enns. "No hay un lugar más santo en la faz de la tierra que el tabernáculo en el día de reposo."[4] Todo el tabernáculo y la "gloria que se manifiesta" apuntan a la santidad de Dios. El tabernáculo enseña dos conceptos: En primer lugar, enseña que Dios es inmanente, misericordiosamente condescendiente, al estar con su pueblo y morar entre ellos. Segundo, enseña que Dios es trascendente, sus caminos están muy por encima de nuestros caminos. Enns dice que el tabernáculo es "un pedazo de tierra santa en medio de un mundo que ha perdido su camino."[5]

Dios ordena a los israelitas que construyan el tabernáculo como un lugar para que more la gloria de Dios, y Él aparta a la tribu de Leví como sirvientes para ministrarle en ese lugar. La apariencia del tabernáculo, como funciona y lo que representa, es un recordatorio continuo de quién es Dios.

## EL TABERNÁCULO

Wiersbe describe la naturaleza móvil del tabernáculo:
El tabernáculo era una tienda portátil; no era un lugar de reunión como los edificios de iglesias de hoy día. Cada vez que Israel desarmaba el campamento, los levitas desmantelaban la tienda cuidadosamente, envolvían los muebles con sus cobertores y los llevaban hasta que el Señor le decía al pueblo que se detuviera. (Las cortinas y el armazón se llevaban en carros.) En la nueva ubicación, el tabernáculo era re-ensamblado y los muebles puestos en su lugar (Números 3-4). Cada mueble tenía anillos unidos a través de los cuales se montaban postes para que pudieran ser transportados durante la marcha en el desierto. Los polos del arca nunca debían ser retirados (Éxodo 25:15-1 Reyes 8:8).[6]

Éxodo 31 nos dice cómo Dios no sólo proporciona todas las instrucciones para la construcción del tabernáculo, sino también cómo llama a los obreros. Dos de los obreros se mencionan específicamente por su nombre. Dios asigna a Bezaleel y Aholiab la tarea de supervisar la construcción del tabernáculo y el mobiliario.[7] Bezaleel, de la tribu de Judá, estará a cargo del proyecto de construcción. Aholiab, de la tribu de Dan, será su asistente principal. Parte de su trabajo es dirigir un conjunto de artesanos "trabajadores y diseñadores calificados" (Éxodo 35:35).

Mientras que varios maestros artistas completan la construcción del tabernáculo, Bezaleel tiene la responsabilidad exclusiva de hacer el arca del pacto. Sus habilidades incluyen carpintería, joyería y metalistería.[8] Aholiab se especializa en las áreas de grabado, tejido y diseño de tapices.[9]

---

***Lección de liderazgo:*** *el talento artístico es de Dios y puede ser utilizado en su servicio y para su gloria.*

Los líderes necesitan que aquellos dotados en expresión artística expresen la visión de maneras que inspiren y señalen a las personas

## BEZALEEL Y AHOLIAB

la santidad de Dios. Para Moisés, los artistas son tejedores y obreros de metalistería. Para los líderes de hoy en día, los artistas necesarios pueden ser arquitectos, diseñadores gráficos, músicos o similares. Pokrifka dice: "El propósito último de la creatividad y el ingenio humanos es capturar y ejecutar la visión de Dios para el placer divino, lo que, a su vez, sirve a la humanidad. Esta comprensión del arte se opone al arte como un medio de autoexpresión o una búsqueda."[10] Cuando los lugares de culto reflejan gran belleza, arte majestuoso y diseño inspirador, se hace fácil para los fieles apreciar la grandeza de Dios.

El Señor (no Moisés) elige a Bezaleel, que está lleno "del Espíritu de Dios y le he dado gran sabiduría, capacidad y destreza en toda clase de artes manuales y oficios" (Éxodo 31:3, NTV). Dios le ha dado a Bezaleel la capacidad de crear algo útil y hermoso. Pokrifka dice: "Ya es un maestro en su campo de arte, Jehová llena a Bezaleel con el Espíritu de Dios (véase Éxodo 31:3). Lo que Dios le comunica a Moisés en visiones y palabras, Bezaleel lo implementa en la construcción artística. Bezaleel también tiene la capacidad de enseñar y dirigir a los demás para que más artesanos aprendan a ejecutar la obra (Éxodo 35:34)."[11]

***Lección de liderazgo:*** *incluso la obra de un maestro artista se lleva a otro nivel cuando ese artista está lleno con el Espíritu de Dios.*

Bezaleel y Aholiab ya son reconocidos maestros artistas en sus campos, pero cuando están llenos con el Espíritu de Dios, resultan con mayor creatividad, ingenio, invención e inspiración. Pokrifka dice: "Lo que Jesús le dice a Nicodemo se aplica acertadamente al arte y a los esfuerzos creativos: 'La carne da a luz a carne, pero el Espíritu da a luz espíritu (Juan 3:6).' Si bien la creatividad es parte de la imagen

*EL TABERNÁCULO*

divina, la creatividad no santificada no alcanza la gloria divina, ya que la imagen divina en la que somos creados ha sido corrompida por el pecado. Sin embargo, la creatividad santificada, consagrada y ungida, como parte de la imagen divina restaurada en Cristo y a través de él, glorifica a Dios."[12] La imaginación santificada permite a los artistas producir obras que reflejan la gloria de lo divino.

Dios aparta a Bezaleel y Aholiab para la tarea de reunir toda la información y construir el tabernáculo y todo su mobiliario. Están equipados y habilitados para hacer el trabajo. Tienen la habilidad y la sabiduría necesarias, y Moisés se asegura de tener los recursos (tanto humanos como materiales) para construir el tabernáculo y sus muebles. Si bien se dan instrucciones generales para el tipo y el diseño de los muebles, todavía hay espacio para expresar la creatividad.

*Lección de liderazgo:* **al delegar la responsabilidad a individuos capaces, permita que tengan campo para la creatividad y la expresión.**

Pokrifka dice:

En las instrucciones para el tabernáculo y su mobiliario, sólo se dan descripciones principales: el material a utilizar, las dimensiones, la estructura principal y la colocación general de los objetos. Los detalles se dejan "a la brillante creatividad del artesano divinamente ungido. El texto equilibra la preocupación por el cumplimiento obediente a las instrucciones divinas con el respeto de una libertad artística que concierne a muchos de los detalles. Cuando no se dan descripciones detalladas, uno espera que se animen con las contribuciones únicas de los artistas.[13]

El tabernáculo es una casa de culto portátil, el precursor del templo, y se encuentra en el centro del campamento, rodeado por las tiendas del pueblo judío. El escritor de Éxodo dedica más tiempo a las instrucciones para construir el tabernáculo y sus muebles que en la historia de las plagas y el mismo Éxodo real, lo que indica la importancia del tabernáculo.

Los materiales para la construcción del tabernáculo –metales preciosos, hilos y lino caros, piedras preciosas y gemas— originalmente los proporcionaron los egipcios. Wiersbe describe los materiales, diciendo: "Se necesitaban varios tipos diferentes de material: metal precioso (oro, plata), bronce, telas (hilo, lino fino y pelo de cabra), madera, pieles, aceite de oliva, especias y piedras preciosas. Se ha estimado que una tonelada de oro fue utilizada en el tabernáculo, así como más de tres toneladas de plata. ¿De dónde salió toda esta riqueza? Por un lado, los judíos habían "arruinado" a los egipcios antes de abandonar la tierra (Éxodo 12:35-36), y sin duda también hubo botín de la victoria sobre Amalec (17:8-16). Dios se encargó de que tuvieran todo lo que necesitaban para construir el tabernáculo tal como Él lo había diseñado".[14]

---

***Lección de liderazgo:*** *es algo maravilloso cuando el pueblo de Dios se motiva a dar generosamente.*

El pueblo trajo tanto, dio tanto, que Moisés finalmente tuvo que decirles que dejaran de dar.[15] Meyer dice que el plan de Dios para el tabernáculo y sus muebles es proporcional a los recursos del pueblo. Dios ya ha proporcionado los recursos necesarios para construir el tabernáculo y sus muebles. Todo lo que es necesario es la voluntad del pueblo y el talento de los artesanos. Los materiales ya están en posesión del pueblo. Meyer continúa: "Dios nunca da... un orden sin hacerse responsable de la provisión de todos los materiales necesarios para su ejecución. Si los materiales no están disponibles, usted puede cuestionar seriamente si usted no está trabajando en su propio plan."[16]

### Preguntas para el desarrollo del liderazgo

1. ¿Cuáles son los espacios en su vida que han sido "espacios santos"?

2. ¿Cual es el rol del arte, los artistas, la imaginación artística en la iglesia?

3. ¿En qué tipo de entorno es más fácil para usted adorar a Dios?

— VEINTITRES —

# LOS DOCE ESPÍAS: LA MAYORÍA NO SIEMPRE TIENE LA RAZÓN

*Diez vieron a Dios a través de las dificultades.*
*Dos vieron las dificultades a través de Dios.*

F. B. Meyer[1]

La historia de los doce espías se encuentra en Números 13-14, y la Biblia la cita muchas veces incluyendo Números 32:8-13, Deuteronomio 1:19-46, Salmos 95:10-11 y 1 Corinttios 10:5.

Cuando los israelitas llegan a Cades Barnea, están a poca distancia de la Tierra Prometida. Deciden espiar la tierra enviando un equipo de reconocimiento antes de que todo el grupo entre en Canaán.

Cuando Moisés cuenta la historia en Números 13, dice que Dios le pide que envíe doce espías a la Tierra Prometida. El trabajo de los espías es responder a estas preguntas: ¿Son las personas muchas o pocas? ¿Son fuertes o débiles? ¿La tierra es buena o mala? ¿Las ciudades están amuralladas o no están fortificadas? ¿El suelo es rico o pobre? ¿Hay árboles? ¿Hay fruta? La misión es encontrar la mejor ruta hacia la tierra y las ciudades ubicadas dentro de la tierra. Moisés sabía que no necesitaba enviar espías, y cuando vuelve a contar la historia en Deuteronomio 1, escribe que es la gente la que pidió que enviaran los espías.

El primer error que comete la gente es querer espiar la tierra. Aunque Dios permite que se envíen los espías, y dicta cómo serán enviados, la propuesta no la inicia Dios. La propuesta surge de los hebreos.[2] Dios les da a los israelitas lo que quieren, aunque ellos se arrepienten de lo que le pidieron. Dios le dice a Moisés que escoja doce espías, representando a cada una de las doce tribus, y que los envíe a la tierra para explorarla cuidadosamente. Cabe tener en cuenta que se suponía que los espías traerían de vuelta un informe, no una recomendación.

Los espías tardan unos cuarenta días en investigar la tierra a fondo. Cuando los espías están regresando pasan por un valle lleno de enormes uvas. Toman un racimo de uvas tan grande que una persona no puede llevarla solo. Tienen que colocar el fruto en un vara para que dos hombres lo carguen. Otros traen paquetes de higos y granadas que hubieran ganado la "mejor en exhibición" en cualquier feria estatal. Para las personas que pasaron el último año comiendo maná en el desierto, las delicias deben haber parecido dulces e irresistibles.

---

*Lección de liderazgo:* reunir información de primera mano es importante sólo si esa información lo lleva a hacer lo correcto.

Algunos líderes buscan información para ayudarles a hacer una buena decisión. Otros líderes buscan datos que respalden la decisión que ya han tomado.

---

El informe de los espías se encuentra en Números 13:26-33. Inicialmente, ninguno de los doce espías está en desacuerdo con lo que han visto. Todos están de acuerdo en que la tierra es fructífera y deseable.

Aunque regresan con evidencia de que la tierra realmente "fluye con leche y miel" (Números 13:27), la mayoría de los espías dan un informe negativo de sus hallazgos. Se apresuran a señalar que la tierra también fluye con numerosos enemigos y ciudades fortificadas. Diez de los espías informan que los israelitas nunca podrán expulsar a los cananeos de sus ciudades amuralladas, ni podrán derrotar a los gigantes que encontrarán. Según Boice, "Diez miraron a los gigantes, se compararon con los gigantes y se sintieron como saltamontes."[3] Dos fijan sus ojos en Dios, y desde esa perspectiva los gigantes parecen pequeños.

---

*Lección de liderazgo:* centrarse en los problemas puede hacer que parezcan más grandes de lo que realmente son.

Concentrarse en Dios muestra los problemas en una verdadera perspectiva, permite que la fe aumente y, a menudo, surgen soluciones. Los problemas son muchas veces mayores que nosotros, pero nunca son mayores que Dios.

---

Los dos espías que dan un informe favorable son Caleb y Josué. La recomendación de Caleb contrasta a los informes negativos: "¡Vamos enseguida a tomar la tierra! —dijo—. ¡De seguro podemos conquistarla!" (Números 13:30, NTV). Caleb es el representante de la tribu de Judá. Tiene cuarenta años cuando entra en la Tierra Prometida, y pasarían treinta y ocho años antes de volver a ver a Canaán. Además, se necesitan siete años más para conquistar la tierra. Eso significa que Caleb tiene ochenta y cinco años al final de la campaña. Caleb fue fiel hasta el final.[4] Tal vez entendió que tomar posesión de la tierra era como recibir una herencia en lugar de ganar un concurso[5]

*Lección de liderazgo:* **hay una diferencia entre tomar algo y heredar algo.**

Caleb reconoce la diferencia. Tomar la tierra significa confiar en nuestras propias fuerza y esfuerzo. Heredar la tierra es recibir la tierra como un don de otro, en este caso, de Dios. Tomar la tierra significa depender de nuestra propia habilidad. Heredar la tierra significa depender de la provisión de Dios. Los israelitas no entienden que la tierra está destinada a ser el don de Dios para ellos, y que poseer la tierra no depende de su propia fuerza y capacidad.

El segundo error que cometen los israelitas es adoptar el informe de desconcierto de los diez espías. El informe aterrador es más de lo que pueden manejar. Hasta este punto, Dios ha mostrado su poder innumerables veces. Y sin embargo, a la gente le resulta difícil confiar y obedecer.

*Lección de liderazgo:* **la voluntad de la mayoría no siempre es la voluntad de Dios.**

Sin embargo, la mayoría de los hombres y mujeres fieles guiados por la voz de Dios pueden reflejar la voluntad y el camino de Dios. Desafía a su pueblo a evitar la tentación de hacer lo que parece más fácil para ellos en lugar de lo que es mejor para todos.

El tercer error que cometen los israelitas es su murmuración. Ellos dicen: "¡Escojamos a un nuevo líder y regresemos a Egipto!" (Números 14:4). Están formando una especie de "comité de regreso a Egipto." En medio de esta rebelión, sólo cuatro permanecen fieles a Dios: Moisés, Aarón, Josué y Caleb.

Como resultado del mal informe, el miedo domina a la comunidad. Toman la decisión de no entrar en la tierra. La consecuencia de esta falta de fe y de desobediencia es que ningún hombre o mujer que ese tiempo fuera adulto entraría a la tierra de la promesa, salvo Josué y Caleb.[6] Moisés mismo sería excluido de la entrada.[7] Sin embargo, hay una promesa de esperanza: "Daré la tierra a los pequeños del pueblo, a los niños inocentes" (Deuteronomio 1:39, NTV).

Moisés "se postró rostro en tierra" varias veces en el libro de Números (14:5, 16:4, 16:22, 16:45, 20:6). En la mayoría de estas ocasiones, al postrarse en la arena, Moisés demuestra dramáticamente lo que significa no tener palabras para expresar el dolor. En el caso de Números 14:5, el informe de los espías conducirá a la crisis de amenzas de muerte a los líderes a nivel nacional. El pueblo estaba listo para apedrear a Moisés, Aarón y Josué antes de regresar a Egipto.

Al haber un pueblo en rebelión abierta, Dios está dispuesto a darles exactamente lo que están pidiendo. Él está dispuesto a acabarlos con una plaga para que nunca tengan que enfrentarse a los habitantes de la Tierra Prometida. Dios le proclama a Moisés que destruirá al pueblo debido a su desobediencia y comenzaría de nuevo sólo con Moisés. Sin embargo, Moisés hace lo que hizo antes. Una vez más, Moisés le suplica a Dios que perdone al pueblo según la grandeza de su misericordia. Dios perdona a los israelitas, pero las consecuencias de la rebelión del pueblo son graves. Ninguno de los adultos que viven en ese momento, excepto Caleb y Josué, podrán ver la Tierra Prometida.[8] Dios perdona el pecado del pueblo, pero sufren las consecuencias de su rebelión.

*Lección de liderazgo:* **es aún más difícil dirigir cuando las personas que comienzan el viaje contigo no terminan el viaje contigo.**

Sólo dos de las personas que comnezaron el viaje con Moisés lo terminarán con él —Josué y Caleb. Una rotación completa de seguidores, feligreses o colegas de trabajo, puede ser muy dolorosa y muy difícil de navegar para un líder.[9]

Los israelitas rápidamente se dan cuenta de que han cometido un error. Después de escuchar que el castigo por su desobediencia y falta de fe será vagar por el desierto durante cuarenta años más, la mayoría de los israelitas se resignan a su destino. Unos cuantos impulsivos siguieron hacia Canaán en un intento de revertir la sentencia que Dios les dio.

Son derrotados rápidamente en la batalla por los amorreos, que los persiguen de nuevo "como un enjambre de abejas" (Deuteronomio 1:44).

Una vez más, Dios perdona a su pueblo, aunque una generación perecerá antes de que Israel pise la Tierra Prometida. Aparte de Josué y Caleb, ninguno de los adultos que experimentaron el éxodo cruzaría el Jordán. Sus gritos originales: "¡Si tan solo hubiéramos muerto en Egipto o incluso aquí en el desierto" (Números 14:2) —se hace realidad. Vagarán por el desierto durante treinta y ocho años más, hasta que mueran todos los mayores de veinte años que se quejan contra el Señor.[10]

*Lección de liderazgo:* **Dios está buscando una generación dispuesta.**

En el caso de los israelitas, cuando la fe y la obediencia de la generación actual no existe, Dios recurre a la siguiente generación para cumplir sus propósitos. Que lo mismo que dijo Dios de David se diga de nosotros: que servimos al propósito de Dios en nuestra "propia generación" (Hechos 13:36).

### Preguntas para el desarrollo del liderazgo

1. ¿Tiende a centrarse más en los problemas o en las soluciones, y qué relación tiene esa acción en su eficacia de liderazgo?

2. ¿Cuál es la mejor forma de liderar cuando estamos seguros de que la opinion de la mayoría está equivocada?

3. ¿Las personas a las que usted sirve tienden a mirar hacia atrás o a apoyarse en el pasado? ¿Cómo el liderazgo efectivo responde a esa tendencia?

— VEINTICUATRO —

# EL DESIERTO: EL TERRENO DONDE SE PRUEBA LA FE

*... el inmenso y terrible desierto...*
Deuteronomio 1:19

El pueblo de Dios no es ajeno al desierto. El libro titulado Números del Antiguo Testamento tiene varios títulos hebreos diferentes, incluyendo uno traducido "en el desierto."

En lugar de experimentar la riqueza de una tierra que fluye "leche y miel", el desierto de la vasta península del Sinaí se convierte en el hogar de los israelitas durante las próximas cuatro décadas. Ninguno de aquellos que tenían veinte años o más entrarían en la Tierra Prometida. Lo que podría haber sido un breve viaje se conviertió en una larga estancia a medida que una generación entera pasa en el desierto.

---

*Lección de liderazgo:* la vida funciona mejor cuando se vive en obediencia a Dios.

Cuando nos rebelamos contra Dios, la vida se vuelve mucho más difícil y toma mucho más tiempo recibir lo que Dios desea darnos. La

EL DESIERTO

vida suele ser más fácil cuando simplemente obedecemos. Ciertamente habría sido más fácil para los israelitas si hubieran obedecido.

---

Aún así, afuera de la Tierra Prometida, Moisés entraría ahora en la tercera etapa importante de su vida. La primera etapa de la vida de Moisés fue en un palacio en Egipto. La segunda etapa de la vida de Moisés fue en el desierto de Madian. La tercera y última etapa de la vida de Moisés tendría lugar en el desierto del Sinaí.

---

*Lección de liderazgo:* usualmente, Dios no nos dice todo de una vez.

Ciertamente no le contó todo a Moisés de una vez. En cambio, Dios le dejó el viaje cansado de cuarenta años. Algunas cosas podrían aplastarnos si las conociéramos en su totalidad. Sin embargo, Dios nos promete la gracia suficiente para cada día.

---

Es bastante decepcionante para Moisés y los israelitas saber que no entrarían en la Tierra Prometida. Sin embargo, la columna de nube y de fuego siguieron proporcionando seguridad. Qué maravillosa vista debe haber sido ver la nube elevarse y comenzar a moverse. Los sacerdotes con trompetas dan la señal de que es hora de reanudar el viaje. Números 10:11-33 enumera el orden en que las tribus de Israel marchaban. Dios le dio a Moisés instrucciones específicas para esto, y también de como tenían que establecer el campamento. Los levitas marcharían primero, llevando el Arca del Pacto. Luego vendría Judá, la tribu más grande de todas, seguida de Isacar y Zabulón y los carros que llevan el tabernáculo.[1] Después seguirían Rubén, Simeón y Gad; entonces las largas filas de coatitas, llevando sobre sus hombros los muebles sagrados del tabernáculo. Luego marcharían las seis tribus restantes en dos grandes divisiones. La primera división está dirigida por Efraín, seguida por Manasés y Benjamín. La segunda división está dirigida por Dan, seguida por Aser y Neftalí. Cuando se detienen, el campamento es un cuadrado, con el tabernáculo en el centro, y tres tribus acampadas a cada lado.

---

*Lección de liderazgo:* quien viaja a su lado es muy importante.

La organización de las doce tribus fue intencional. Importaba quién viajaba al lado del otro y quién trabajaba al lado del otro. Las tribus fueron dispuestas (1) en relación con el tabernáculo, y (2) en relación entre ellas mismas.[2] De esta manera, se les aseguró la conexión con Dios y la conexión entre ellos mismos. A medida que viajaban, la paz, la armonía y la unidad se promoverían entre ellos.

---

Entonces, ¿qué les da el desierto a los israelitas en su espera? Para comenzar, el desierto se convertiría en una escuela de liderazgo avanzado. Un campo de entrenamiento para una generación que conquistaría y habitaría la Tierra Prometida, el desierto les proporciona una oportunidad para prepararse. Antes de que una nueva generación esté lista, hay lecciones que aprender. En el desierto, el pueblo de Dios aprenderá la dependencia absoluta de Dios, y descubrirán que se puede confiar en Dios.

---

*Lección de liderazgo:* la pregunta no es si alguna vez se encontrará en el desierto —allí estará—, pero ¿cuál es el propósito de Dios en su experiencia en el desierto?

Algunas de las figuras más importantes de la Biblia tienen experiencias en el desierto o estaciones difíciles que sirven para entrenarlas. Sin embargo, David pasa tiempo en el desierto en formación cuando el rey Saúl busca matarlo.³ Pero, de esas cuevas emergen las canciones más bellas de la Biblia. David necesita ser quebrantado antes de que pueda ser un hombre a la manera del corazón de Dios. Eso pasa en el desierto.

Elías huye al desierto cuando Jezabel intenta matarlo, pero Dios lo sostiene allí. Jesús pasa un tiempo en el desierto durante la tentación, un precursor de su ministerio público. Pablo experimenta una época de desierto inmediatamente después de su conversión, yendo a Arabia durante tres años.⁴ No sabemos mucho sobre ese tiempo, excepto que fue una época de preparación que lo llevó a una vida de ministerio significativo.

La gente se encuentra en el desierto por muchas razones: un nuevo matrimonio, o la pérdida de un matrimonio; un nuevo trabajo, o la pérdida de un trabajo; el nacimiento de un niño, o la pérdida de un hijo. "Desierto" es cualquier lugar entre lo conocido que solía ser y lo desconocido que está por venir. La causa del desierto puede ser variada, pero el propósito suele ser singular: aprender a confiar en Dios y depender de Él.

Dios a menudo usa el desierto para prepararnos, dando forma a nuestros corazones, mente y carácter para sus buenos propósitos. En el desierto aprendemos lecciones de humildad, perseverancia, autodisciplina, fe, carácter y cómo escuchar la voz de Dios. El desierto nos despoja de lo que es familiar, cómodo y conveniente. En el desierto aprendemos acerca de nosotros mismos y aprendemos acerca de Dios. Aprendemos lo que es importante y lo periférico. aprendemos a escuchar la voz de Dios. El desierto ofrece un nuevo comienzo.

───────

Los israelitas fueron guiados al desierto por Dios, guiados por Moisés, como una cuestión de obediencia. Se quedaron en el desierto más tiempo del necesario debido a su desobediencia. El desierto puede ser territorio hostil, pero también está destinado a ser territorio temporal.

*Lección de liderazgo:* en el desierto, "uno entra en la escuela del autodescubrimiento"[5] mientras Dios lo prepara para un servicio significativo.

El desierto es un tiempo tanto para la conciencia de Dios como para la conciencia de sí mismo. Swindoll pregunta: "¿Por qué Dios nos guía a través de lugares desérticos? Es para que nos humille, para que nos pruebe y para que se revele la verdadera condición de nuestro corazón."[6]

La mejor manera de navegar por el desierto es confiando en Dios. Confíe en Dios para proveer para sus necesidades. Confíe en Dios para guiarle en el viaje. Confíe en Dios para llevarle al otro lado. La buena noticia es esta: ¡Dios no deja a su pueblo en el desierto! Confía en él. Habrá un descanso para los israelitas. Llegarán a la Tierra Prometida. Tú también.

## Preguntas para el desarrollo del liderazgo

1. ¿Alguna vez ha tenido una estación de desierto? Si así es, ¿cómo describiría esa experiencia? ¿Cuál fue el propósito de Dios durante ese tiempo?

2. ¿Por qué es difícil a veces confiar en Dios en el desierto?

3. ¿Por qué es más facil para Dios formar y reformar a las personas en el desierto?

— VEINTICINCO —

# CORÉ Y LA CHUSMA: TRATANDO CON PERSONAS DE DURA CERVIZ

*Hagan todo sin quejarse y sin discutir.*
**Filipenses 2:14**

Durante cuarenta años, Moisés trató con personas rebeldes y de dura cerviz. Algunas de éstas representan una amenaza significativa para su liderazgo. El primero entre los alborotadores es Coré, quien en Números 16 lidera una rebelión a gran escala contra Moisés. Coré, junto con 250 hombres prominentes, dirige una conspiración formidable, significativa en parte debido a la posición que Coré tiene y la autoridad que ejerce.

Cuando el pueblo escucha a los espías incrédulos, están listos para apedrear a Moisés y Aarón y elegir a otro líder que los lleve de vuelta a Egipto. En Números 16 y 17, ese espíritu de león rebelde emerge de nuevo en Coré y otros líderes. El objetivo de su rebelión es Aarón, el sumo sacerdote. Coré, él mismo un levita, quiere deshacerse de Aarón y ser el sacerdote en su lugar. La queja de Coré es que todos los israelitas deben ser apartados como santos, no sólo Moisés y Aarón. El sumo sacerdocio, cree, no debe limitarse a Aarón. El llamamiento, el carácter y el oficio únicos de Moisés y Aarón están siendo cuestionados. Coré y sus seguidores afirman ser iguales en derechos con Moisés y Aarón, con el mismo acceso a Dios.

Esta es una lucha de poder. La rebelión política y el motín están en el viento.

***Lección de liderazgo:*** **si usted está en una posición de liderazgo, no se sorprenda si se enfrenta a momentos de oposición severa.**

Todo verdadero líder se encontrará con oposición en algún momento. Tal es la naturaleza del liderazgo. La pregunta crítica que hacemos es: ¿Cómo responder ante la oposición? Moisés nos proporciona un gran modelo. Ora, actúa con humildad y sigue dirigiendo. Dios siempre elige trabajar a través de las personas para guiar a su pueblo. Inevitablemente, no todos aceptarán a los líderes que Dios escoje para trabajar. No se preocupe por quién grita, se queja, se engatusa u objeta. Más bien, haga lo que sabe que el Señor lo ha llamado a hacer. Lo que importa es ser fiel a la responsabilidad que se os ha confiado.

Cuando Coré se queja con Moisés, Moisés inmediatamente se postra en tierra ante el Señor. Esta postura es su forma preferida de responder a los brotes de descontento. Moisés no busca reivindicarse a sí mismo. No habla en su propio nombre. Él le deja su reivindicación a Dios.[1] No intenta justificar su posición ni la de Aarón.

***Lección de liderazgo:*** **podemos llevar nuestras grandes cargas a un gran Dios**

Si tu carga parece demasiado grande, llévala a Dios. Si te enfrentas a una oposición significativa, llévala a Dios. Si no eres capaz de cargar con el peso, Dios proveerá ayudantes. Él prometió ayudarnos con lo que no podemos soportar. No reaccione a la oposición ofreciendo su propia reivindicación. Más bien, busque el rostro de Dios y confíe en él para que lo reivindique.

---

Cuando finalmente Moisés se levanta de nuevo, él recuerda los problemas que son parte de haber sido asingado como levita al ser nombrado por Dios. El Dios de Israel los ha separado de la congregación de Israel para acercarlos a sí mismo. Por lo tanto, no hay motivo para los celos. Moisés les recuerda a los rebeldes que su ira es realmente contra Dios.

Entonces Moisés propone una prueba. Moisés le dice a Coré y a sus seguidores que tomen fuego en sus incensarios y estén delante del Señor. Los incensarios son bandejas de bronce que contienen fuego. Todos ellos deben tomar incensarios, los instrumentos ordinarios del sacerdocio, y prender el incienco con fuego. Deben presentarlos ante el Señor en la puerta de la tienda de encuentro. Será entonces Dios el que elija quién es santo y quién debe acercarse a él. Moisés le dice a las personas que quieran tomar el control del sacerdocio que lo prueben, a ver qué sucede. Señala que Dios los juzgará.

---

*Lección de liderazgo:* en el liderazgo es importante saber que las críticas son de ayuda, simplemente son expresiones de descontento, y son precursores a la rebelión.

---

A la mañana siguiente los rebeldes llegan, como fue programado, a la puerta de la tienda de reunión. Las tribus se reúnen para ver el enfrentamiento. Moisés presenta su inocencia a Dios. Le pide a Dios que rechace la ofrenda de los rebeldes, pero no que los destruya. Dios acepta no destruir al pueblo, pero destruye a los líderes en un juicio rápido e inesperado. El suelo bajo los rebeldes se abre y se los traga, a sus familias y a sus posesiones. Entonces el fuego sale y consume a los 250 hombres que habían ofrecido incienso ante el tabernáculo. La venganza que Dios ejecutó es esencial para el bienestar del campo. El motín debe ser eliminado sin piedad.

Como recordatorio a los israelitas del destino que le espera a cualquiera que desafía a Dios y a su profeta, Dios le indica a Moisés que recoja las bandejas de fuego de entre las cenizas de los rebeldes muertos, y convierta los sartenes en láminas planas de metal y use las láminas para cubrir el altar. "Que sirvan como advertencia al pueblo de Israel" (Números 16:38).

Aunque Moisés y Aarón han intercedido por el pueblo, al día siguiente el pueblo se queja de nuevo contra Moisés y Aarón. Cuando los israelitas obstinadamente se unen a los rebeldes, aparece una plaga.[2] Catorce mil setecientos mueren antes de que Moisés reconozca lo que está sucediendo e instruya Aarón para que haga rápidamente expiación por el pueblo. Aarón logra detener la propagación de la plaga colocándose "entre los vivos y los muertos" (Números 16:48, NTV) y ofreciendo incienso y expiación por el pueblo.

Dios ofrece una última prueba para confirmar el liderazgo de Moisés y Aarón. En Números 17, Dios ordena que se recojan doce varas, una por cada una de las doce tribus, y que el nombre del líder de cada tribu esté inscrito en las varas. En la vara representando a los levitas, está inscrito el nombre de Aarón. Deben colocar cada una de las doce varas en la tienda de reunión durante la noche.

Al día siguiente, Moisés entra en la tienda de encuentro y descubre que, de todas las varas allí agrupadas, sólo la vara de Aarón ha florecido y producido almendras maduras. Una vez que los israelitas ven este milagro, Dios ordena que la vara de Aarón se coloque en la tienda de encuentro junto con las otros objetos sagrados.

## Preguntas para el desarrollo del liderazgo

1. ¿Cómo pueden los líderes ver la diferencia entre crítica y rebelión?

2. ¿Cuál es la mejor manera para que un líder responda ante la oposición?

## — VEINTISÉIS —

# IRA, PARTE 2: GOLPEANDO LAS ROCAS

*¡Adelante, enfádate! Haces bien en enojarte, pero no uses tu ira como combustible para vengarte. Y no te quedes enfadado. No te acuestes enojado. No le des al Diablo ese tipo de ventaja en tu vida.*

**Efesios 4:26–27 (Versión inglesa El Mensaje, traducción libre, MSG)**

A pesar de todos los grandes rasgos de liderazgo que tenía Moisés, hay una característica negativa que aparece con cierta regularidad. Von Rad dice de Moisés: "De vez en cuando una ira salvaje y feroz ardía en él."[1] Hay tres casos notables: La ira de Moisés recae sobre un matón egipcio; sobre las tablas de piedra de los diez mandamientos y sobre una roca común y corriente.

Ya al comienzo de la narración de la vida de Moisés, airadamente asesina a un egipcio que está golpeando a uno de los israelitas. Este ataque de pasión descontrolada resulta en el exilio de Moisés de Egipto. Décadas más tarde, cuando Moisés baja del monte Sinaí y ve a los israelitas adorando y bailando alrededor del becerro de oro, airadamente destroza las tablas de los diez mandamientos. Sin embargo, no es este incidente, sino los exasperados golpes de Moisés a una roca lo que no le permite entrar a la Tierra Prometida.

## IRA, PARTE 2

Números 20 contiene el reporte de este pecado que en última instancia no permite que Moisés entre en Canaán. La falta de agua potable se convirtió, una vez más, en un problema para los israelitas. Aparentemente, la demanda sobre el suministro de agua en Cades es tan grande que la fuente se agota, y vuelve a aparecer el espíritu de murmuración y queja que ha marcado a la antigua generación de israelitas y que ahora se evidencia en sus hijos.

Otra vez, los israelitas expresan en alta voz su oposición, discutiendo con Moisés y murmurando: "¡Si tan solo hubiéramos muerto con nuestros hermanos delante del SEÑOR!" (Números 20:3, NTV). Los israelitas se quejan del agua al comienzo de su peregrinación[2] y ahora lo están haciendo de nuevo casi al final de su travesía.

Este incidente es diferente de la narración anterior del agua de la roca, cuando Dios le dijo a Moisés que golpeara la roca para producir agua.[3] En esa ocasión, el Señor instruye a Moisés que lleve consigo su vara y a algunos de los ancianos, y que golpee cierta roca a la vista del pueblo. Cuando Moisés obedece, el agua brota de la roca y satisface las necesidades del pueblo y del ganado. Sin embargo, esta vez, las instrucciones que Dios da son completamente diferentes. Esta vez, Moisés debe hablar con la roca, no golpear a la roca. "En presencia de todo el pueblo, háblale a la roca y de ella brotará agua. De la roca proveerás suficiente agua" (Números 20:8, NTV).

No sabemos por qué Dios le pide a Moisés que le hable a la roca en lugar de golpearla, pero podemos especular. Tal vez la intención de Dios es demostrar que puede emplear diferentes métodos en diferentes momentos para lograr propósitos similares. O tal vez Dios quiere demostrar que sí puede transformar una roca dura a través de sólo una palabra, también puede transformar un corazón endurecido. Otro pensamiento es que Dios nos está demostrando que una generación nueva, pero más madura, puede ser manejada de maneras más sutiles, que no necesitan el impacto crudo de un palo. Pero cuando Moisés golpea la roca por ira, se pierde la oportunidad de un mensaje más profundo. Zornberg dice: "No es el uso del bastón por parte de Moisés, es su uso de las palabras. Son sus palabras de ira para el pueblo: 'Escuchad ahora, rebeldes, ¿produciremos para ustedes agua de esta roca?' Está golpeando a la gente con sus palabras, usando palabras como armas contundentes."[4]

Moisés pudo haber sido la persona más humilde "en la tierra" (Números 12:3, NTV), pero no es la más paciente. Es un gran líder que es fuerte en medio de la oposición y que responde de la manera correcta –casi todo eltiempo. Aunque Moisés tiene muchas características personales positivas, la ira parece ser su talón de Aquiles.

Moisés desobedece a Dios y le habla al pueblo en lugar de a la roca. Habla con ira y reclama crédito parcial por el milagro, diciendo: "¡Escuchen, ustedes rebeldes! —gritó—. ¿Acaso debemos sacarles agua de esta roca?" (Números 20:10, NTV, cursiva agregada). En vez de darle toda la gloria a Dios, se reserva parte del crédito para sí mismo.

---

*Lección de liderazgo:* los líderes tienen que esforzarse intencionalmente para dar toda la gloria a Dios.

Dios escoje trabajar a través de personas — y a menudo líderes— por lo que puede ser muy fácil para nosotros pensar que merecemos el crédito, o al menos parte del crédito. Debemos desarrollar la práctica de dar a Dios toda la gloria, todo el tiempo.

---

Moisés sigue el mismo proceso que había funcionado en el pasado en Refidim. Deja caer su bastón de madera contra la roca, pero no pasa nada. Moisés vuelve a golpear la roca con su bastón. En Refidim, sólo había sido necesario un golpe para extraer agua de la roca. Pero aquí en Cades, el agua fluye sólo en el segundo golpe. Y sin embargo, Moisés ha cometido un terrible error, y las consecuencias de su acción serán desastrosas.[5]

---

**Lección de liderazgo:** el mismo problema no siempre require la misma solución

Para ser un líder con dicernimiento se requiere una evaluación sabia de todas las dinámicas involucradas en la determinación de una solución. Si su única herramienta es un martillo, cada problema parece un clavo.

---

Por supuesto, la ira ha impulsado a Moisés, como lo ha hecho antes. Este incidente ocurre en los talones de la muerte y el entierro de la hermana de Moisés, María.[6] Moisés probablemente está luchando con el sentimiento de dolor. También está irritado e indignado, ardiendo de ira y de desilusión. Enfadado por las exigencias de la gente que dirige, golpea airadamente la roca.

Es fácil empatizar con Moisés. Ha estado dirigiendo a gente obstinada por mucho, mucho, mucho tiempo. Incluso Dios se ha cansado de su incesante insurrección, resumiendo los defectos de carácter de los israelitas rebeldes al proclamar: "Ustedes son un pueblo terco y rebelde " (Exodo 33:5, NTV).

Durante cuarenta años Moisés ha estado en un lugar difícil, dirigiendo a personas problemáticas, encontrando una circunstancia exigente tras otra. En cada situación Dios ha demostrado ser fiel. Ahora Moisés es un anciano y ha soportado muchas quejas. Ni una sola vez leemos que le digan algo alentador o de agradecimiento, sólo quejas amargas, francotiradores constantes y murmullos continuos.

Golpear una roca un par de veces parece algo insignificante, en realidad. Pero aparentemente no lo es. Es lo suficientemente grande como para aplastar un sueño. La desobediencia de Moisés lo descalificará de entrar en la Tierra Prometida. El veredicto se hace inmediatamente: "¡Puesto que no confiaron lo suficiente en mí para demostrar mi santidad a los israelitas, ustedes no los llevarán a la tierra que les doy!" (Números 20:12).

---

*Lección de liderazgo:* **cuando los líderes pierden los estribos, a menudo eso no es lo único que pierden.**
En el caso de Moisés, perderá la oportunidad de entrar en la Tierra Prometida. La ira de Moisés lo mantendrá fuera de Canaán. Los líderes también pueden perder influencia y credibilidad cuando dejan que sus emociones se apoderen de ellos. Pueden perder impulso. Pueden perder oportunidades.

---

A simple vista, la consecuencia de la ira de Moisés parece demasiado dura. Pareciera que el castigo no encaja con el crimen, y que "el largo, arduo y fiel calvario de Moisés parece no contar para nada en absoluto".[7] Sin embargo, Zornberg dice: "Uno tiene la sensación de que Dios no está juzgando a Moisés por un solo fracaso. Su vida de liderazgo se ha caracterizado por una cierta "dureza" en su relación con el pueblo. Aunque aboga apasionadamente por ellos a Dios, a menudo les habla con una especie de ira reprimida".[8]

---

*Lección de liderazgo:* **identificar en dónde se encuentra en la "escala de ira"lo puede ayudar a detener la escalización de la ira antes de que produzca resultados dañinos.**
Swindoll dice que la ira escala en cinco pasos, cada nivel es más intenso que el anterior:
   1. Irritación: Inquietud provocada por una perturbación leve. Por lo general, así es como la ira comienza a manifestarse.

2. Indignación: Después viene un nivel más profundo de intensidad. La indignación es una reacción a algo que parece injusto o irrazonable.
3. Ira: Ésta nunca deja de expresarse, es el tercer nivel.
4. Rabia: Es ira descontrolada que pronto induce a violencia.
5. Furia: La quinta y última etapa. La furia supera a una persona e inspira actos de violencia brutal.[9]

La furia descontrolada es destructiva. Tiende a conducir a una reacción excesiva, causando consecuencias negativas acumulándose y apilándose como un choque de reacción en cadena. La furia descontrolada hace que sea difícil mantener relaciones saludables y a menudo resulta en que otros se alejen debido a tal comportamiento.

---

Moisés ciertamente no es el único líder que evidencia problemas de ira. Vivimos en una era de alto estrés. Se necesita madurez y autocontrol (fruto del Espíritu) para responder calmadamente a situaciones difíciles y quejas de las personas. Lidiar con la ira generalmente comienza con la comprensión de lo que te hace perder el control. La ira es una emoción humana normal que es común a la experiencia humana y la mayoría de las personas comienzan a aprender a controlarla durante la infancia. La mayoría, pero no todos.

---

*Lección de liderazgo:* **aprenda a mantenerse tranquilo cuando la situación se pone difícil.**

El autocontrol está estrechamente relacionado con la autoconciencia. ¿Hay ciertas situaciones que desencadenan su ira? Aprenda a reconocer que está enojado antes de perder el control.

Deténgase, respire profundo y encuentre un espacio para calmarse. Susurre una oración pidiéndole a Dios que le ayude a calmar su espíritu y que le dé sabiduría. Disminuya su ansiedad identificando sus sentimientos subyacentes y haciéndose cargo de usted mismo. Si una acción de otra persona lo enoja, trate de empatizar con la persona: ¿por qué se comporta así? Aprenda a expresar sus sentimientos internos de una manera que sea saludable y útil. Se necesita un nivel de madurez para reconocer que está enojado y hablar saludablemente en vez de arremeter contra los demás. Ser capaz de decir calmadamente, "cuando hace eso me enoja" ganará el respeto de los demás y lo ayudará a evitar una posible crisis[10]

---

### Preguntas para el desarrollo del liderazgo

1. ¿Cómo evita reclamar la gloria que le pertenece a Dios u otro?

2. ¿Cuáles son las situaciones que desencadenan su ira?

3. ¿Cuáles son las estrategias con las que se compromete para evitar que su ira suba a un nivel maligno?

— VEINTISIETE —

# JOSUÉ: NO HAY ÉXITO SIN UN SUCESOR

*El valor duradero de un líder se mide por sucesión.*

John Maxwell[1]

Éxodo 17 menciona a Josué por primera vez en las Escrituras. La Biblia lo menciona después doscientas veces más. Josué desempeña un papel de apoyo significativo como general del ejército y asistente de Moisés.[2] Hijo de Nun, y de la tribu de Efraín, Josué nace en Egipto y se llama Hoseas, que significa "salvación". Más tarde, Moisés cambia su nombre a Josué, que significa "Jehová es salvación,"[3] el equivalente hebreo de Jesús.[4]

Josué conocía los rigores de la esclavitud egipcia y debió tener aptitud para el liderazgo militar porque Moisés lo nombra general del ejército cuando los amalecitas atacan a los israelitas en Refidín. Los amalecitas atacaron a los israelitas sin razón. El ataque fue muy despiadado en tal manera que la brutalidad de los amalecitas quedó arraigada en la memoria de Israel. Este fue el primer encuentro militar para los esclavos recién liberados, y no sería el último.

Josué sólo tiene un día para reunir al ejército y prepararlos para el ataque, pero lo logra. El día de la batalla, Moisés sube a la cima de una colina y levanta las manos. Mientras sus manos estén levantadas, los israelitas prevalecen en la batalla. Cada vez que sus manos caen de la fatiga, los amalecitas ganan el liderato. Para asegurarse de que sus manos permanezcan levantadas, Aarón y Ur sostienen las manos de Moisés hasta el atardecer. Esta acción resulta en la victoria total de los israelitas. Wiersbe dice: "La gran victoria de Israel sobre Amalec nos presenta tres elementos: el poder de Dios en el cielo, la habilidad de Josué y el ejército en el campo de batalla, y la intercesión de Moisés, Aarón y Hur en la cima de la colina."[5]

*Lección de liderazgo:* **tal vez nunca podrá entrar al liderazgo durante un tiempo de tranquilidad**

Josué es lanzado al liderazgo en un momento estresante y crítico. Los líderes a menudo se encuentran en posición de gran responsabilidad casi sin ser notados, aunque pudieran haber tenido toda una vida de preparación. Si de repente te encuentras en una situación crítica de liderazgo, estás bendecido al tener de tu lado el poder de Dios y la intercesión de otros.

Josué acompaña a Moisés subiendo al Monte Sinaí (pero no en a presencia de Dios) cuando Moisés recibe los Diez Mandamientos. Josué también acompaña a Moisés bajando de la montaña cuando escuchan los sonidos del libertinaje asociado con el becerro de oro, que Josué inicialmente identifica erróneamente como el sonido de la batalla.

Josué es también uno de los doce espías que exploran la tierra prometida, y uno de los dos espías (el otro es Caleb) que permanecen fieles y traen un informe positivo. Como resultado de su fidelidad, tanto Josué como Caleb entrarían a la Tierra Prometida.

Durante el viaje por el desierto, Josué continúa sirviendo como ayudante de Moisés. A menudo permanece en la tienda de reunión después de que Moisés sale de ella.⁶ Tiene un asiento en primera fila para el liderazgo de Moisés: sus desafíos, éxitos y decepciones. No podría haber mejor preparación para el liderazgo que aprender de Moisés.

Hacia el final de los cuarenta años de Moisés en el desierto, él le pide a Dios que nombre a un líder para reemplazarlo. Josué es nombrado ese sucesor. Dios le indica a Moisés que imponga las manos sobre Josué —"en quien está el Espíritu " (Números 27:18)—, lo comisiona y le da autoridad.

*Lección de liderazgo:* **no hay éxito sin un sucesor.⁷**

Todos los grandes líderes eventualmente serán reemplazados, y la contribución más significativa que hacen muchos líderes es preparar al siguiente líder.

Las palabras de Moisés a Josué Deuteronomio 31:7-8 son hermosas, y lo afirman:

¡Sé fuerte y valiente! Pues tú guiarás a este pueblo a la tierra que el SEÑOR juró a sus antepasados que les daría. Tú serás quien la repartirá entre ellos y se la darás como sus porciones de tierra.⁸ No temas ni te desalientes, porque el propio SEÑOR irá delante de ti. Él estará contigo; no te fallará ni te abandonará. (NTV)

*Lección de liderazgo:* **el valor es una cualidad indispensable para el liderazgo.**

Los líderes obtendrán valor de la lectura de la Biblia, la oración y las palabras de ánimo de otros. Dios le ordena cuatro veces a Josué que sea "fuerte y valiente". Josué también les repetirá las mismas palabras de afirmación a los israelitas en Josué 10:25. Dios le da a Josué la receta para el éxito del liderazgo en Josué 1. Él le instruye a

Josué obedecer las leyes de Dios, meditar en ellas continuamente, ser fuerte y valiente y rechazar el desaliento: "¡Se fuerte y valiente! No tengas miedo ni te desanimes..." (Josué 1:9).

Algo de la forma de ser de Moisés influenció a Josué. Josué fue el discípulo de Moisés en el desierto durante cuarenta años. Él tenía un conocimiento íntimo del liderazgo de Moisés y un profundo sentido de "memoria institucional." Mentoreado por Moisés desde la juventud, fue fiel a las oportunidades de liderazgo hasta este punto. Fortalecido con la bendición de su predecesor, Josué está listo para este desafío de liderazgo.

*Lección de liderazgo:* **los nuevos líderes tendrán diferentes dones de líderes anteriores.**

Los nuevos líderes nunca son exactamente como sus predecesores, y la mayoría son muy diferentes de sus predecesores. Moisés era un líder audaz, dispuesto a estar delante de Faraón y decir: "Deja que mi pueblo se vaya." Josué era un hombre fiel, pero más tipo soldado. Sirve brillantemente como general de campo, pero no realiza personalmente los milagros que Moisés hizo. Sin embargo, él es el líder que Dios ha elegido para este capítulo de la historia de Israel. Swindoll dice: "Cuando un líder fuerte nombra a su propio succesor, por lo general nombra a alguien muy parecido a sí mismo. Sin embargo, con frecuencia es el plan de Dios nombrar un tipo diferente de [líder] para comenzar una nueva dimensión que de otra manera permanecería sin desarrollar".[9]

Después de la muerte de Moisés, Josué guiaría a la nación a través del Jordán y a la Tierra Prometida. Muere a la edad de 110 años.

*Lección de liderazgo:* **una vez que un líder tiene un sentido claro de dirección, es hora de actuar.**

Cuando Josué recibe instrucciones del Señor, no vacila, ni se retrasa ni pospone su tarea. Josué inmediatamente anuncia el plan para entrar en la Tierra Prometida. La capacidad de tomar medidas decisivas de manera oportuna es una característica del buen liderazgo.

### Preguntas para el desarrollo del liderazgo

1. ¿Qué aprendiste de la sucesión que ocurrió cuando se te dio tu actual responsabilidad de liderazgo?

2. ¿A quién en tu esfera de influencia podría Dios querer que prepares para el liderazgo futuro?

3. Como líder, ¿cómo discernir un claro sentido de dirección?

— VEINTIOCHO —

# MONTE NEBO: CUANDO EL LÍDER SE DESPIDE

*"Ya tengo ciento veinte años y no puedo seguir guiándote. El SEÑOR me dijo: No cruzarás el río Jordán"*
Deuteronomio 31:2 NTV

Me gusta cómo Green describe nuestro lugar en la historia de Dios que es mucho más amplia que la nuestra. Dice: "Una vida es demasiado corta para completar la misión de Dios"[1] La historia de Dios no se limita a una o incluso dos generaciones. Estamos invitados a participar en la narrativa, pero no viviremos en la narrativa completa. La historia de Dios no se limita a nuestra vida. Ésta se estaba escribiendo antes de que naciéramos y seguirá escribiéndose después de que nos hayamos ido. La historia de Dios se extiende más allá de la vida de cualquier individuo, incluso la de Moisés.

Dios le dice a Moisés que puede subir al monte Nebo y ver Canaán —la tierra de la promesa— antes de reunirse con sus padres.[2] Moisés está terriblemente decepcionado porque Dios le prohibió entrar en la Tierra Prometida. Ha estado en una especie de desierto por ochenta años, y en la misma frontera de la Tierra Prometida treinta y ocho años antes.

El famoso líder empresarial Max Depree dice: "La primera responsabilidad de un líder es definir la realidad. La última responsabilidad es dar gracias. Entre la primera y la última responsabilidad, el líder debe convertirse en un servidor y un deudor"[3] Aunque "gracias" no es lo último que Moisés dijo, sus palabras fueron, "los bendigo". Sin embargo, antes, él tiene algo en su mente que quiere compartir.

En Deuteronomio 3:23-27, Moisés suplica al Señor que se le permita entrar en la Tierra Prometida. Dios severamente lo interrumpe y le dice: "¡Ya basta . . . ni una sola palabra más sobre este asunto!" (NTV). Aunque Dios le prohíbe hablar a Moisés, Él no le prohíbe hablar con la gente al respecto.

El texto no nos dice si Moisés se arrepintió de haber golpeado la roca. Lo que sí dice es que Moisés estaba triste de no poder entrar a la Tierra Prometida. Hasta este punto, Moisés sólo ha compartido su decepción con Dios. Ahora, le dice al pueblo que está decepcionado no sólo con la respuesta de Dios, sino también con la aparente indiferencia de Israel ante su decepción. Muestra una franqueza sorprendente al reprochar a la gente por abandonarlo en su hora de necesidad. "Pero gracias a vosotros, el Señor estaba enojado conmigo..." (Deuteronomio 3:26, NTV). Sus palabras están llenas de desilusión, tristeza, ira y reproche.

Cuando Dios dice "no," ¿qué haces? ¿Dejas el asunto de lado o llevas tu caso a la gente? Moisés decide llevar su caso al pueblo. Dios le ha prohibido que le presente de nuevo la situación, pero Moisés espera que el pueblo tome su causa. Moisés le insinúa al pueblo que mientras él oraba por ellos y cambiaba la opinión de Dios, tal vez ellos podrían orar por él y cambiar la forma de pensar de Dios. Pero ellos no captan la insinuación de Moisés. Él no se los pide explícitamente, e Israel no ora para que Moisés entre en la Tierra Prometida. Sin la oración de ellos —porque tal vez pudieran haber cambiado la mente de Dios— no se le concederá la petición a Moisés. Tal vez son incapaces de hacerlo o no están dispuestos a aprovechar la oportunidad. No intercederán por Moisés.

***Lección de liderazgo:*** **todos los líderes necesitan intercesores**

Puede ser difícil para los líderes pedirle a alguien que interceda por ellos. Esto ilustra la soledad del liderazgo. Algunas veces los líderes sienten que si tienen que pedir intercesión a aquellos a quienes sirven, realmente no es intercesión. Los líderes desean que las personas a las que sirven sean sensibles, comprometidas y lo suficientemente conscientes como para reconocer lo que necesitan. (Y a veces la gente sabe incluso mejor que un líder lo que necesita). Sin embargo, si el pueblo no intercede por su líder, vale la pena animarlos a interceder por él o ella.

¿Cuántos líderes están decepcionados por la insensibilidad de las personas que dirigen? ¿Cuántos líderes están emocionalmente heridos porque las personas a las que sirvieron no captan las pistas, los gemidos internos, el deseo inexpresivo o las súplicas silenciosas por oración? Moisés no está pidiendo un "paracaídas de oro." Lo que anhela es la intercesión del pueblo.

Cuando Moisés necesitó intercesión, las únicas personas que habían levantado las manos se habían ido. Si Aarón y Hur —las personas que previamente habían intercedido con él y por él— aún estuvieran cerca, tal vez hubieran reconocido los gritos velados de Moisés pidiendo ayuda. Pero Aarón y Hur ya habían muerto en el desierto.

---

Zornberg dice: "Moisés les recordó a la gente todas las súplicas que había hecho por ellos, porque pensaba que orarían por él para que entrara en la tierra con ellos... les dio la oportunidad [abrió puerta para ellos] de orar por él, pero no lo entendieron."[4]

Cuarenta años de quejas, motines e inconformidad del pueblo. Cuarenta años de maná. Cuarenta años sin un año sabático y sin vacaciones. Cuarenta años más tarde, en la frontera de Canaán, si Dios hubiera dicho de nuevo: "Voy a destruirlos y empezar de nuevo sólo contigo," nos preguntamos cómo hubiera respondido Moisés. Moisés no tenía una lista de deseos. Moisés sólo tenía un deseo: entrar en la Tierra Prometida.

Dios le prohíbe a Moisés entrar en la Tierra Prometida o mencionar de nuevo la petición, pero no le prohibió expresarle a la gente su mayor decepción. Así es que se los dice en Deuteronomio 3:23-26, y de nuevo en Deuteronomio 4:21-22.

Moisés quiere que la gente interceda por él. Cuando es evidente que no intercederán, que la mente de Dios no cambiará, que no pondrá un pie en Canaán, Moisés decide terminar bien su carrera. El discurso de despedida de Moisés se lleva a cabo cuando los israelitas están acampados en las llanuras de Moab. Allí, Moisés le recordará a Israel los pactos que han hecho con Dios, nombrará y consagrará a su sucesor, y bendecirá a Israel.

En Deuteronomio 33, el acto final de Moisés es bendecir a los hijos de Israel. Este tipo de despedida es un hermoso acto de liderazgo. Moisés otorga una bendición, una tribu a la vez, tal como Jacob muchos años antes lo había hecho en su lecho de muerte en Egipto.

En la bendición de Moisés, su petición final, le pide a Dios que aumente la fecundidad de Israel. Las últimas palabras de Moisés son palabras de bendición.

*Lección de liderazgo:* **el mejor y último acto de liderazgo puede ser bendecir a aquellos a quienes usted ha servido.**

Los líderes deben bendecir a las generaciones futuras, y especialmente a los líderes que los seguirán. Green dice: "La bendición es un acto de compasión de la imaginación."[5] Los líderes tienen la oportunidad de dar una palabra creativa y vivificante de imaginación compasiva a las vidas de la próxima generación.

Los líderes deben esforzarse por hacer de todas sus últimas palabras —las últimas palabras de su conversación, las últimas palabras de su día, las últimas palabras antes de la transición, las últimas palabras antes de la muerte— palabras de bendición.

---

Una figura solitaria asciende al monte Nebo, subiendo hasta el pico Pisga a 1372 metros de alto. Escalar una montaña de esa altura es una hazaña increíble para un hombre de 120 años. Moisés no muere por ser un anciano débil. Más bien, todavía está lleno de vitalidad. No Muere porque su fuerza se haya acabado, sino porque su misión ha terminado.

Desde la cima del monte Nebo, Dios le permite a Moisés darle un vistazo a la Tierra Prometida.[6] Desde la cima del Nebo, ve el panorama de Canaán y la tierra que ha anhelado.

La Escritura nos dice que Moisés tiene 120 años cuando muere, "conservó una buena vista y mantuvo su vigor" (Deuteronomio 34:7, NTV). Todo líder quiere "salir desde la cima", y Moisés ciertamente lo hace. La muerte de Moisés se registra en Deuteronomio 34:5-6. Dios mismo entierra a su siervo. Swindoll observa que "Moisés es la única persona en la Biblia que Dios enterró personalmente."[7] Nunca ha habido un servicio funeral más privado junto a una tumba.

La Biblia dice que los israelitas se afligieron por Moisés durante treinta días (Deuteronomio 34:8). Luego fijaron su mirada en la Tierra Prometida. Allí, la tumba de Moisés permaneció sin marcar, sin ser vista y sólo conocida por Dios.

La evaluación final de Dios de Moisés y de su liderazgo se registra en Deuteronomio 34:10-12. "Nunca más hubo en Israel otro profeta como Moisés, a quien el SEÑOR conocía cara a cara. El SEÑOR lo envió a la tierra de Egipto para realizar todas las señales milagrosas y las maravillas contra el faraón, contra toda su tierra y contra todos sus sirvientes. Moisés realizó con gran poder hechos aterradores a la vista de todo Israel" (NTV).

Por supuesto, Moisés finalmente llega a la Tierra Prometida. Cuando lo hace, como siempre, está en la cima de una montaña. Pero, no como en otro tiempo, ahora no está sólo.[8]

## Preguntas para el desarrollo del liderazgo

1. ¿Cómo responde usted cuando Dios le dice no a su petición?

2. ¿Cómo hace un líder para cultivar intercesores?

3. ¿Por qué las últimas palabras de un líder son importantes?

# NOTAS

### Introducción
1. Doris Kearns Goodwin, Leadership: In Turbulent Times (Nueva York: Simon & Shuster, 2018), 97.
2. Goodwin, 274
3. Charles Swindoll, Moses: A Man of Selfless Dedication (Nashville: Thomas Nelson, 1999), 20.

### Capítulo 2
1. Estoy endeudado con Greg Mason por esta visión

### Capítulo 3
1. Martin Luther King J., The Autobiography of Martin Luther King, Jr. (Nueva York: Warner Books, Inc., 1998), 13.
2. Ver Daniel 6.
3. Ver Daniel 3.
4. Warren W. Wiersbe, Be Delivered: Finding Freedom by Following God (Colorado Springs: Chariot Victor Publishing, 1998), 191.
5. Ver Santiago 1:5
6. Wiersbe, 192.
7. H. Junia Pokrifka, Exodus: A commentary in the Wesleyan Tradition (New Beacon Bible Commentary), (Kansas City: Beacon Hill Pres, 2018), 56.

### Capítulo 4
1. Ver Éxodo 6:20.
2. Ver Éxodo 7:7.
3. Ver Éxodo 2:2; Hechos 7:20; Hebreos 11:23
4. Peter Enns, Exodus: The NIV Appication Commentary (Grand Rapids: Zondervan Publishing House, 2000), 62.
5. Pokrifka, 61.

### Capítulo 5
1. Arthur Conan Doyle, The Adventures of Sherlock Holmes (New York: Oxford University Press, 1998), 202.

2. Ver Éxodo 2:11
3. F.B. Meyer, Moses: Servant of God (New Kensington, PA: Whitaker House, 1909, 2014), 32.
4. Ver Éxodo 2:12.
5. Swindoll, 59.
6. Ver Éxodo 2:15.
7. James Montgomery Boice, The Life of Moses: God's First Deliverer of Israel (Phillipsburg: P&R Publishing, 2018), 47.
8. Swindoll, 55-56.

## Capítulo 6

1. M. Craig Barnes, The Pastor as Minor Poet (Grand Rapids: Eerdmans, 2008), 48.
2. Ver Éxodo 7:7; Hechos 7:23.
3. Wiersbe, 16.
4. Jonathan Kirsch, Moses: A Life, (Nueva York: Random House, 1998), 105.
5. Ver Génesis 47:3.
6. Wiersbe, 16.
7. "The Moral Peril of Meritocracy" by David Brooks, April 6, 2019, https://www.nytimes.com/2019/04/06/opinion/sunday/moral-revolution-david-brooks.html.
8. Estoy en deuda con Scott Estep por esta visión.

## Capítulo 7

1. Goodwin, xiii.
2. Ver Éxodo 13:21; 19:18; 24:17.
3. Enns, 98.
4. Pokrifka, 155.

## Capítulo 8

1. Gerhard Von Rad, Moses, Segunda edición. Traducido por Stephen Neil, Editado por K. C. Hanson. (Eugene, OR: Cascade Books, 2011), 59.
2. Pokrifka, 74.
3. Goodwin, 149.
4. Von Rad, 53.
5. Von Rad, 18-19.
6. Von Rad, 21.
7. Enns, 124.
8. Ver capítulo 2 "Pharaoh, Par. 1: Fer-based Leadership."
9. Enns, 110.

10. Ver Éxodo 7:14-24.
11. Enns, pg. 111.
12. Pokrifka, 80; Avivah Gottlieg Zornberg, Moses: A Human Life (New Haven: Yale University Press, 2016), 153.
13. Zornberg, 22.
14. Zornberg, 52-53.
15. Zornberg, 53.
16. Enns, 113.

## Capítulo 9

1. Ver Éxodo 4:31.
2. Ver Éxodo 4:21.
3. Ver Éxodo 5_2.
4. Ver Éxodo 5:4.
5. Ver Génesis 37-50.
6. Meyer, 67.
7. Ver Éxodo 5:15-16.
8. Zornberg, 49.
9. Ver Capítulo 25 "Korah and the Rabble: Dealing with Stiff-Necked People" para una mayor comprensión.
10. Ver Éxodo 7:8-13
11. Wiersbe, 29.
12. Enns, 197.
13. Ver Éxodo 7:13, 22; 8:15, 19, 32; 9:7, 12, 34; 10:20, 27; 11:10.
14. Boice, 74.
15. Pokrifka, 165.
16. Wiersbe, 31-32.
17. Pokrifka, 104.

## Capítulo 10

1. John G. Foote, When I See the Blook, 1892.
2. Boice, 86.
3. Ver Éxodo 9:15.
4. Swindoll, 196.
5. Ver Éxodo 4:22-23
6. Enns, 132.
7. Ver más adelante en este capítulo.
8. Enns, 239.
9. Juan introduce una rama de hisopo en la historia de la crucifixión de Jesús, notando que Jesús colgado en la cruz, alguien tomó una esponja, la

sumergió en vino, lo unió a una rama de hisopo, levantó la rama a los labios de Jesús para que el pudiera beber de la esponja. Ver Juan 19:29.

10. Pokrifka, 151.

## Capítulo 11

1. William Williams, Guide Me, O Thou Great Jehovah, 1745.
2. Ver Números 33:3-4.
3. Ver Éxodo 13:19.
4. Ver Deuteronomio 16:3.
5. La Biblia reporta que seiscientos mil israelitas siguieron a Moisés (ver Éxodo 12:37), pero la cuenta solo incluye hombres.
6. Ver Éxodo 13:21-22.
7. Ver Éxodo 40:36-38.
8. Ver Éxodo 14:20.
9. Ver Éxodo 13:17.
10. Ver Éxodo 17:8-16.
11. Enns, 269.

## Capítulo 12

1. Henry J. Zelley, When Israel Out of Boudage Came, 1896.
2. Kirsch, 187.
3. Swindoll, 219.
4. Ver Éxodo 14:21.
5. Ver Éxodo 15:1-21.
6. Swindoll, 222.

## Capítulo 13

1. Este dicho es atribuido a Woodrow Kroll.
2. Wiersbe, 76.
3. Kirsch, 210.
4. La madera es probablemente un símbolo en lugar del símbolo de sanidad, similar a la serpiente de bronce de Moisés para las personas envenenadas por mordida de serpientes en Números 21:8-9.

## Capítulo 14

1. William Williams, Guide Me, O Thou Great Jehovah, 1745. El himno está lleno de imaginación basada en el camino a través del desierto hacia la tierra prometida, como se describe en Números y Éxodo.
2. Ver Éxodo 16:3.
3. Ver Éxodo 16:15.
4. Ver Mateo 6:11, Lucas 11:3.

5. Swindoll, 241.
6. Boice, 120.
7. Green, 133.
8. Ver Éxodo 16:35, Josué 5:11-12.
9. Ver Hebreos 9:4.

## Capítulo 15

1. Wayne Kyle, citado como en American Sniper, (1984).
2. Ver Génesis 36:12.
3. Ver 1 Reyes 18:41-19:18.
4. Ver Mateo 3:13-4:1.
5. Ver Éxodo 17:9.
6. Pokrifka, 196.
7. Ver Éxodo 17:15.
8. Ver Éxodo 17:14-16.
9. Ver Números 14:45.
10. Ver Jueces 6:33.
11. Ver 1 Samuel 15, 2 Samuel 1:1-16.
12. Ver 1 Samuel 30, 2 Samuel 8:11-12.
13. Ver Ester 3:1.
14. Ver 1 Crónicas 4:41-43.
15. Estoy en deuda con Scott Estep por esta visión.

## Capítulo 16

1. Pokrifka resume la explicación, 64.
2. Ver Éxodo 2:16, 18:1.
3. Madián era un hijo de Abraham de su segunda esposa Cetura. Ver Génesis 25:1-2.
4. Boice, 49.
5. Ver Éxodo 4:18.
6. Ver Éxodo 18:12.
7. Ver Éxodo 4:29.
8. Meyer, 149.
9. Swindoll, 253.
10. Swindoll, 251.
11. Ver Éxodo 18:21-22.
12. Ver Éxodo 18:21.
13. Pokrifka, 203.
14. Wiersbe, 98.
15. Ver Hechos 6:1-7.

16. Dos recursos excelentes sobre delegación son: "Moses and the Mutual Benefit of Delegating Responsibility," por Kelly Minter, Febrero 27, 2019, https://lifewayvoices.com/church-ministry-leadership/moses-and-the-mutual-benefit-of-delegating-responsibility/; and "5 Leadership Insights from Jethro," por Doug powe, Abril 10, 2019, https//www.churchleadership.com/category/leading-ideas/

## Capítulo 17

1. De Éxodo 19 a Números 10.
2. Wiersbe, 106.
3. Ver Éxodo 19:12-13, 20-25.
4. Enns, 339; Pokrifka, 211.
5. Ver Levítico 10.
6. Meyer, 195.

## Capítulo 18

1. Harry S. Truman, "Address Before the Attorney General's Conference on Law Enforcement Problems," Febrero 15, 1950.
2. La Biblia contiene tres versions del Decálogo: Éxodo 20 (la fórmula clásica), Deuteronomio 5:6-18, y Éxodo 34.
3. Pokrifka, 214.
4. Green, 96.
5. Enns, 411, citing Fretheim, Exodus, 204. Enns también ve en los Diez Mandamientos un enlace a la creación, diciendo que el decálogo ayuda a traer orden al caos en la misma manera que la creación trae orden al caos.
6. Ver Deuteronomio 6:5.
7. Ver Levítico 19:18.
8. Enns, 414.
9. Enns, 413.
10. Von Rad, 30.
11. Pokrifka, 218.
12. Pokrifka, 219.
13. Wiersbe, 109.
14. Enns, 415.
15. Enns, 415.
16. Boice, 145.
17. Green, 84.
18. Pokrifka, 223.
19. Von Rad, 55.

20. Von Rad, 51.
21. Von Rad, 55.
22. Enns, 419.
23. Ver Éxodo 23:10-13.
24. Pokrifka, 224.
25. Ver Éxodo 21:2, Deuteronomio 15:12.
26. Ver Deuteronomio 15:9.
27. Ver Levítico 25:2-5.

## Capítulo 19

1. Ver Mateo 22:37-39; Marcos 12:30-31; Lucas 10:27.
2. Kirsch, 249.
3. Pokrifka, 229.
4. Pokrifka, 230.
5. Ver Génesis 2:22-24.
6. Enns, 423.
7. Pokrifka, 231.
8. Así como el uso de pesos deshonestos que se abordan en Deuteronomio 25:13-16.
9. Enns, 423.
10. Green, 94.
11. Pokrifka, 238.

## Capítulo 20

1. C. Andrew Doyle, Vocatio: Imaging a Visible Curch (Nueva York: Church Publishing, 2018), 152.
2. Ver Éxodo 24:9-11.
3. Ver Lucas 9:28-43.
4. Ver Éxodo 32:19.
5. Ver 1 Reyes 12:25-33.
6. Kirsch, 269.
7. Estoy en deuda con Steve Estep por esta visión.
8. Ver Deuteronomio 9:20.
9. Ver Éxodo 33:3.
10. Ver Éxodo 32:32.
11. Enns, 588.
12. Pokrifka, 396.

## Capítulo 21

1. Augustus Toplady, Rock of Ages, Cleft for Me, 1776. Este incidente ha sido un tema favorito para escritores de himnos rankeaados desde Rock

of Ages de Toplady hasta He Hideth My Sould de Fanny Crosby (1890) a Open Up the Heavens de Meredith Andrew (2012).
2. Zornberg, 98.
3. Ver Éxodo 34:29-35.
4. Barnes, 53.

## Capítulo 22
1. Enns, 521.
2. Ibid.
3. Wiersbe, 130.
4. Enns, 546.
5. Enns, 522.
6. Wiersbe, 129.
7. Bezaleel y Aholiab son presentados en Éxodo 31:1-11 y 35:30-36:7.
8. Ver Éxodo 31:2-5.
9. Ver Éxodo 38:23.
10. Pokrifka, 379.
11. Pokrifka, 378.
12. Pokrifka, 379.
13. Pokrifka, 300.
14. Wiersbe, 134.
15. Ver Éxodo 36:6-7.
16. Meyer, 193

## Capítulo 23
1. Meyer, 217.
2. Ver Deuteronomio 1:22.
3. Boice, 313.
4. Ver Josué 14:6-14.
5. Green, 50.
6. Ver Deuternonomio 1:35.
7. Ver Deuteronomio 1:37.
8. Ver Números 14:20-25.
9. Estoy en deuda con Scott Estep por esta visión.
10. Ver Números 14:29.

## Capítulo 24
1. Ver Números 7:1-9.
2. Estoy en deuda con Steve Estep por esta visión.
3. Ver 1 Samuel 19-23.
4. Ver Gálatas 1:17.

5. Swindoll, 71.
6. Swindoll, 78.

## Capítulo 25
1. Ver Números 16:5.
2. Ver Números 16:41-50.

## Capítulo 26
1. Von Rad, 6.
2. Ver Éxodo 17:2.
3. Ver Éxodo 17:6.
4. Zornberg, 159.
5. Ver Números 20:12.
6. Ver Números 20:1.
7. Kirsch, 13.
8. Zornberg, 159.
9. Swindoll, 302-303.
10. Ver "The art of de-escalation is a valuable skill in defusing a volatile situation," en Eddie Estep, Who's Got Your Back? (Kansas City: Beacon Hill Press, 2014), 79.

## Capítulo 27
1. John C. Maxwell, The 21 Irrefutable Laws of Leadership (Nashville: Thomas Nelson Publishers, 2007), 257.
2. Ver Éxodo 24:13; 33:11; Josué 1:1.
3. Ver Números 13:8, 16.
4. Mateo 1:21, ver NVI pie de página.
5. Wiersbe, 91.
6. Ver Éxodo 33:11.
7. Ver Deuteronomio 31:14.
8. Atribuido a Peter Drucker en John C. Maxwell, The 21 Irrefutable Laws of Leadership: Follow Them and People Will Follow You (Nashville: Thomas Nelson Publishers, 1998), 215.
9. Swindoll, 324.

## Capítulo 28
1. Green, 298.
2. Ver Deuteronomio 32:48-52.
3. Max DePree, Leadership is an Art (Nueva York: Doubleday, 2004), 11.
4. Zornberg, 177.
5. Green, 302.

## CAPÍTULO 28

6. Ver Deuteronomio 3:27, 32:49-50.
7. Swindoll, 346.
8. Ver Mateo 17:1-8; Marcos 9:2-7; Lucas 9:28-36.

# SOBRE EL AUTOR

EDDIE ESTEP ha servido en la Iglesia del Nazareno como superintendente de distrito y pastor. Se graduó de la Universidad Nazarena de Mount Vernon, del Seminario Teológico Nazareno y del Seminario Teológico Asbury. A Eddie le apasiona desarrollar líderes en Kansas City y en todo el mundo. Está casado con Diane y tienen dos hijos, Josh (casado con Kortney) y Jeff (casado con Brittany), y dos nietas, Ellie Kay y Emery Ann.

www.ingramcontent.com/pod-product-compliance
Lightning Source LLC
Chambersburg PA
CBHW022113040426
42450CB00006B/680